발 행 일	2025년 08월 29일(1판 1쇄)
I S B N	978-89-5960-508-8(13000)
정 가	14,000원
기 획	렉스미디어 기획팀
집 필	장순나, 조연화
진 행	이영수
본문디자인	디자인앨리스
발 행 처	㈜렉스미디어
발 행 인	안광준
주 소	경기도 파주시 정문로 588번길 24
홈 페 이 지	www.rexmedia.net

※ 이 책은 저작권법에 따라 보호를 받는 저작물이므로 무단 전재와 무단 복제를 금지하며, 이 책 내용의 전부 또는 일부를 이용하려면 반드시 ㈜렉스미디어의 서면동의를 받아야 합니다.

타자 기록표

구분	날짜	평균 타수	정확도	확인란
1	월 일			
2	월 일			
3	월 일			
4	월 일			
5	월 일			
6	월 일			
7	월 일			
8	월 일			
9	월 일			
10	월 일			
11	월 일			
12	월 일			

구분	날짜	평균 타수	정확도	확인란
13	월 일			
14	월 일			
15	월 일			
16	월 일			
17	월 일			
18	월 일			
19	월 일			
20	월 일			
21	월 일			
22	월 일			
23	월 일			
24	월 일			

목차

CHAPTER 01 — 006
귀여운 마이펫, 오늘은 뭐 할까?

CHAPTER 02 — 012
스릴 만점, 놀이동산 출발~!

CHAPTER 03 — 018
쉿! 내 휴대폰 속의 숨겨진 열쇠

CHAPTER 07 — 046
글자의 마법! 텍스트 뿌시기 대작전

CHAPTER 08 — 054
AI, 똑똑한 로봇 친구와 만나보자!

CHAPTER 09 — 060
알쏭달쏭~ 머리를 깨우는 기억력 테스트 ①

CHAPTER 13 — 086
컴쌤이 좋아하는 빙고 ★ 게임

CHAPTER 14 — 092
빛나는 아이디어! 네온 피켓 DIY

CHAPTER 15 — 098
어버이날 랜덤선물, 어떤 선물이 나올까?

CHAPTER 19 — 122
스마트한 셀프 주문, 키오스크! ①

CHAPTER 20 — 132
스마트한 셀프 주문, 키오스크! ②

CHAPTER 21 — 138 파워~check! 이만큼 배웠어요!
깨톡~깨톡!! 단톡방

CHAPTER 04 024
오늘도 빛나는 나, 인★그램 업로드

CHAPTER 05 032
초간단 메뉴판 하나로 나도 맛집 주인

CHAPTER 06 038
상상이 현실이 되는 3D 우주여행

CHAPTER 10 066
알쏭달쏭~
머리를 깨우는 기억력 테스트 ②

CHAPTER 11 072
크게~크게! 돋보기로 보는 큰 세상!

CHAPTER 12 080
친구들 사이에서 인기 있는 MBTI는?
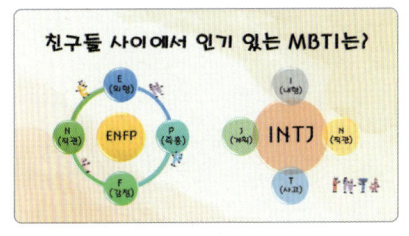

CHAPTER 16 104
밤하늘의 마법, 불꽃놀이!

CHAPTER 17 110
여기가 어딘데? 인기 있는 여행지 소개

CHAPTER 18 116
판다의 매력 담기 :
초보자를 위한 영상 제작

CHAPTER 22 139 파워~check! 이만큼 배웠어요!
소원을 이루는 어린이날 쿠폰

CHAPTER 23 140 파워~check! 이만큼 배웠어요!
야옹이네 다이어리

CHAPTER 24 142 파워~check! 이만큼 배웠어요!
황금 잡기 게임 만들기

CHAPTER 01

귀여운 마이펫, 오늘은 뭐 할까?

학습 목표
- 파워포인트 2021 프로그램의 화면구성을 알 수 있어요.
- 텍스트 상자에 글을 입력한 후 그림의 크기를 조절할 수 있어요.

🏆 **미리 보기** 이렇게 만들어 보아요

📂 불러올 파일 : 마이펫.pptx   📗 완성된 파일 : 마이펫_완성.pptx

① **파일 열기 :** [열기]-[찾아보기] 클릭 → 파일 선택 → [열기] 클릭해요.

② **개체 회전하기 :** 개체 선택 → 회전 도구()를 드래그해요.

▶ **호기심 쳇 GPT**

강아지 표정으로 심리상태를 알 수 있어요.
귀가 살짝 뒤로 젖혀지고 입가에 미소는 행복한 표정이며, 눈동자가 커지거나 흔들리는 모습은 불안할 때, 입을 벌리고 이를 드러내며 귀를 세우면 공적적인 심리 상태를 나타내는 표정이라고 해요.

파워포인트 2021 프로그램의 화면구성을 알아보아요.

① 파워포인트 실행을 위해 작업 표시 줄에서 [시작(■)] 단추를 클릭한 후 앱 뷰에서 [PowerPoint(●)]를 클릭해요.

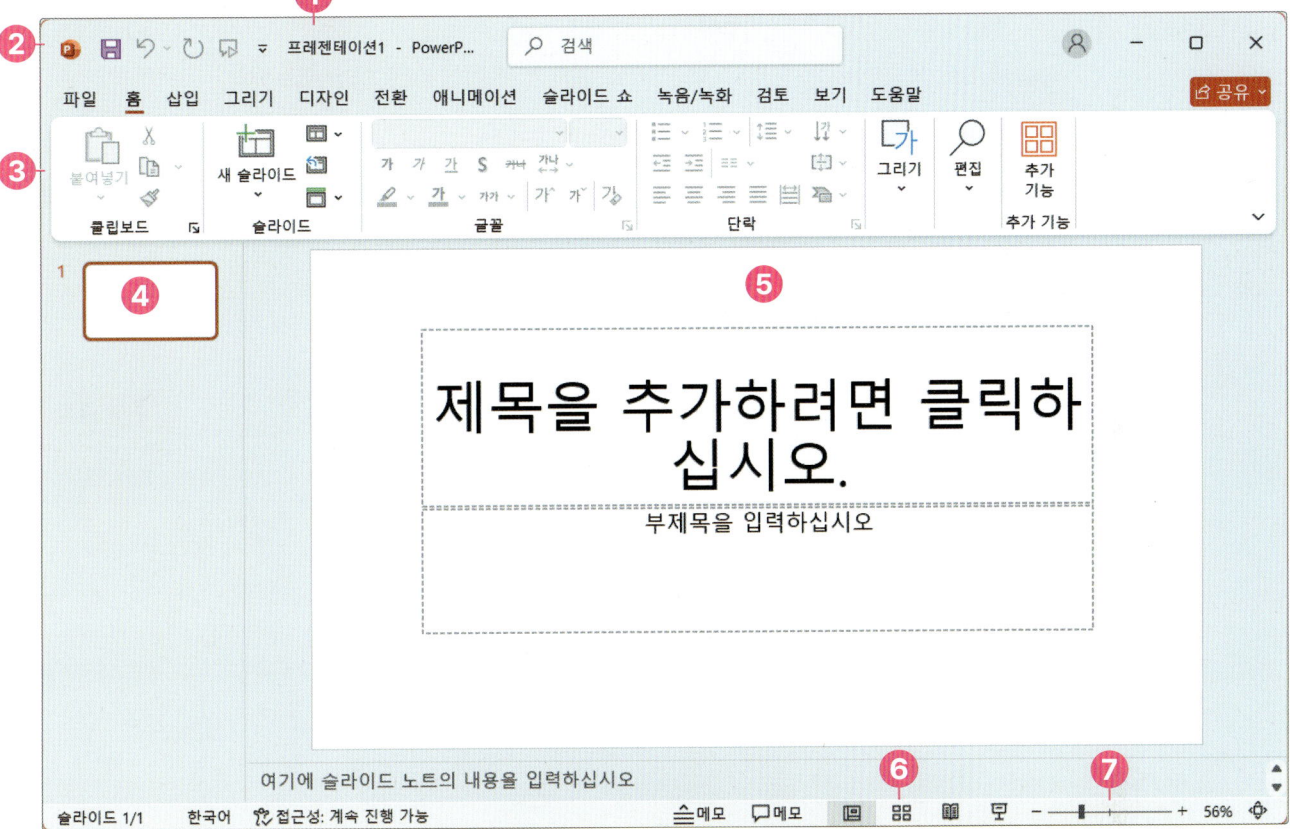

❶ **제목 표시줄** : 현재 작업 중인 **파일**의 이름과 프로그램 이름이 표시되는 곳이에요.

❷ **빠른 실행 도구 모음** : **자주 사용하는 명령을 빠르게 실행**할 수 있도록 아이콘으로 표시되는 곳이에요.

❸ **리본 메뉴** : 파워포인트의 **주요 도구와 명령을 제공하는 메뉴**로 기본적으로 탭, 그룹, 명령 아이콘으로 구성되어 있어, 사용자가 필요한 도구나 명령을 쉽게 찾을 수 있게 도와줘요.

❹ **슬라이드 보기 창** : 현재 작업 중인 슬라이드를 미리 볼 수 있고, 슬라이드의 순서를 확인하거나, **슬라이드를 편집, 선택, 재배치**할 수 있는 영역이에요.

❺ **슬라이드 창** : 현재 작업 중인 슬라이드 영역으로 내용 편집, 디자인 등의 **실제 문서작업 공간**이에요.

❻ **보기 바로 가기** : **슬라이드 보기 모드**를 빠르게 전환할 수 있어요.

❼ **확대/축소** : 슬라이드 **창 화면의 크기를 조절**할 수 있어요.

 ## 귀여운 강아지의 다양한 표정을 만들어요.

① 파워포인트 프로그램을 실행한 후 [열기]-[찾아보기]를 클릭해요. 이어서 [열기] 대화상자가 나타나면 [01차시]-[불러올 파일] 폴더에서 [마이펫.pptx] 파일을 선택 후 [열기]를 클릭해요.

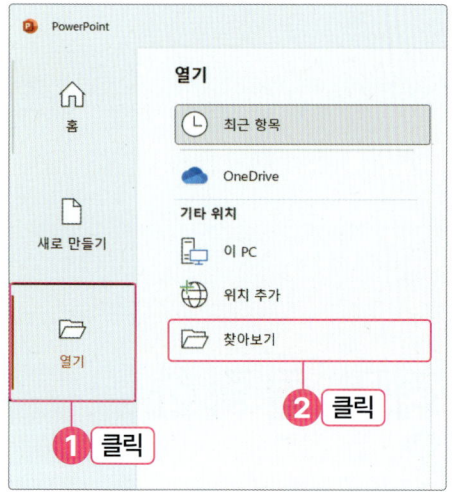 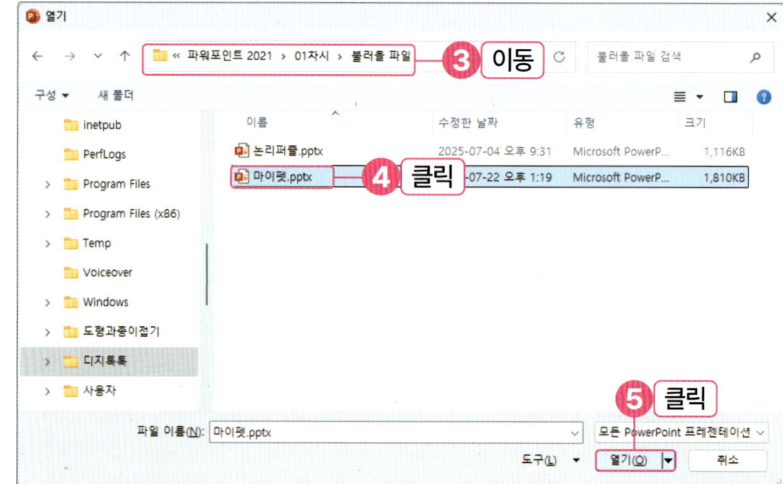

② 제목 도형에 "귀여운 마이펫, 오늘은 뭐 할까?" 텍스트를 입력해요.

알고 넘어가요!

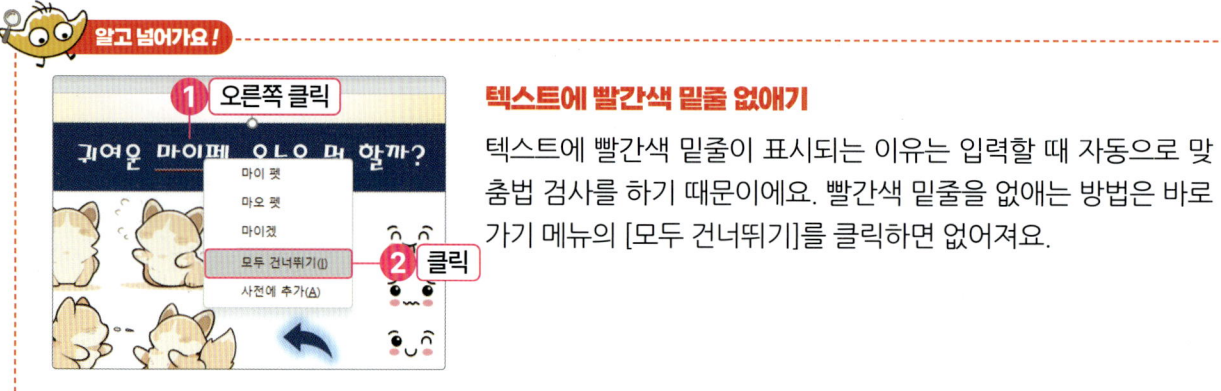

텍스트에 빨간색 밑줄 없애기

텍스트에 빨간색 밑줄이 표시되는 이유는 입력할 때 자동으로 맞춤법 검사를 하기 때문이에요. 빨간색 밑줄을 없애는 방법은 바로 가기 메뉴의 [모두 건너뛰기]를 클릭하면 없어져요.

❸ 다양한 표정의 그림을 강아지 얼굴로 드래그해요.

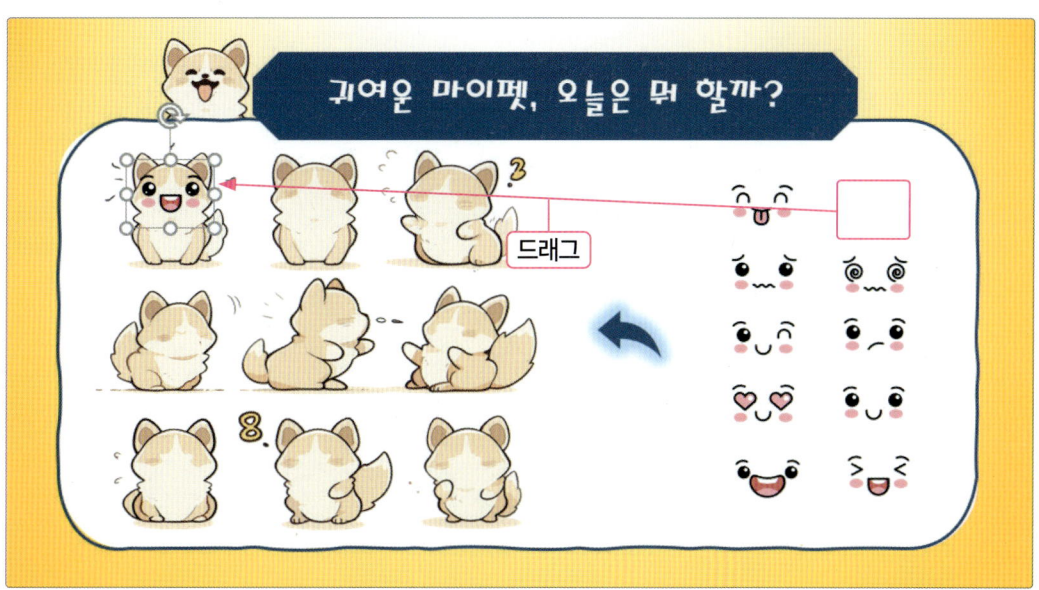

> **TiP**
> Ctrl을 누른 상태에서 표정 아이콘을 마우스로 드래그하면 복사를 할 수 있어요.

❹ 강아지 얼굴 표정의 크기 조절점(◯)을 드래그하며 크기를 조절할 수 있어요.

❺ 같은 방법으로 나머지 강아지의 얼굴 표정을 만들어요.

개체 회전하기

그림이나 도형 등의 개체를 선택한 후 회전(◎) 도구를 드래그하여 원하는 방향으로 회전할 수 있어요.

❻ [파일] 탭-[저장]을 클릭하여 문서를 저장합니다.

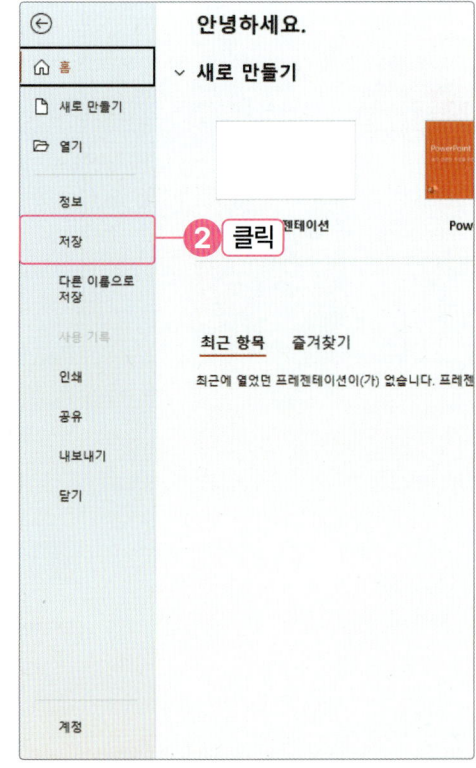

CHAPTER 01 발표 천재로 가는 길!

톡톡 학습

01 [논리퍼즐.pptx] 파일을 열고 제목을 입력한 후 왼쪽의 아이콘을 드래그한 다음 정답 화면과 같이 규칙에 맞춰 퍼즐을 완성해 보아요.

■ 불러올 파일 : 논리퍼즐.pptx   ■ 완성된 파일 : 논리퍼즐_완성.pptx

02 다음 아이콘 모양에 따른 파워포인트 기능을 빈칸에 적어보아요.

① ⟳ _____   ② ⊙ _____

③ ⁑ _____   ④ ⤴ _____

CHAPTER **02** 스릴 만점, 놀이동산 출발~!

학습 목표
- 그림을 복사/붙여넣기한 후 크기를 조절할 수 있어요.
- 그림의 순서를 변경하고 그룹화할 수 있어요.

미리 보기 이렇게 만들어 보아요

■ 불러올 파일 : 놀이동산.pptx   ■ 완성된 파일 : 놀이동산_완성.pptx

① **복사 및 붙여넣기** : [홈] 탭-복사()를 클릭 → 원하는 위치에서 [붙여넣기]를 클릭해요.

② **좌우 대칭 변경하기** : [그림 서식] 탭-[정렬] 그룹에서 [회전]-[좌우대칭]을 클릭해요.

③ **그룹 만들기** : [그림 서식] 탭-[정렬] 그룹에서 [그룹화]-[그룹]을 클릭해요.

▶ 호기심 쳇 GPT

우리나라 최초의 놀이동산은?
놀이동산은 1955년에 월트디즈니에서 만든 디즈니랜드가 최초이며, 우리나라는 1976년에 지금의 에버랜드인 용인자연농원이 최초로 만들어졌어요. 그렇다면 나만의 상상 속 놀이공원은 어떤 모습일까요?

1 놀이기구를 복사 및 이동해요.

① 파워포인트 프로그램을 실행한 후 [열기]-[찾아보기]를 클릭해요. [열기] 대화상자가 나타나면 [02차시]-[불러올 파일] 폴더에서 [놀이동산.pptx] 파일 선택한 다음 [열기]를 클릭해요.

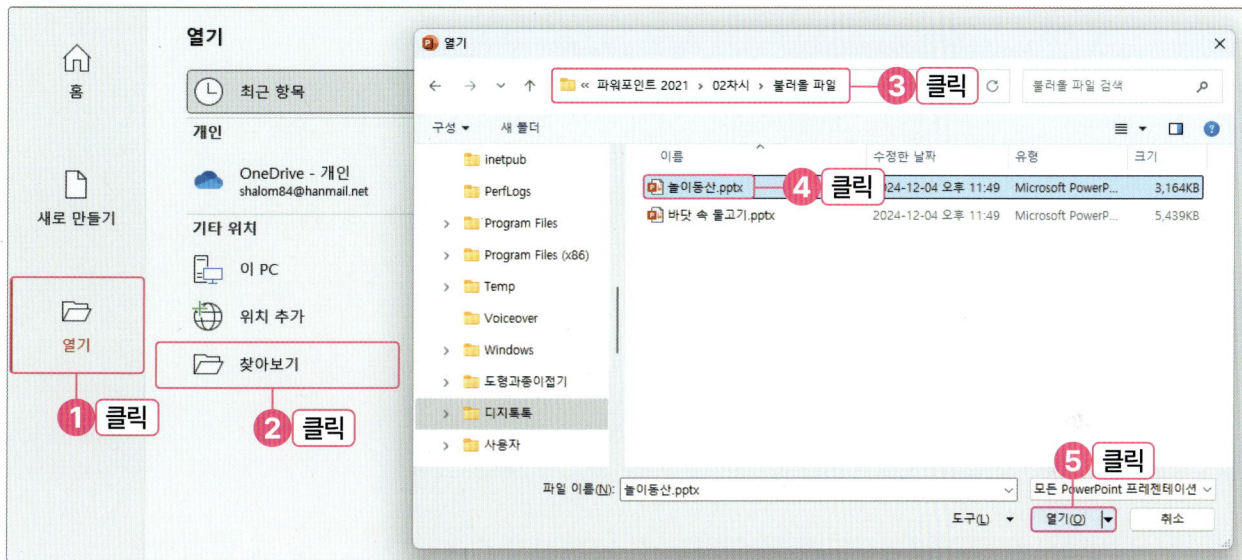

② 슬라이드 보기 창에서 2번 슬라이드를 클릭한 후 복사할 놀이기구를 선택한 다음 [홈] 탭-[클립보드] 그룹에서 복사(📋)를 클릭해요.

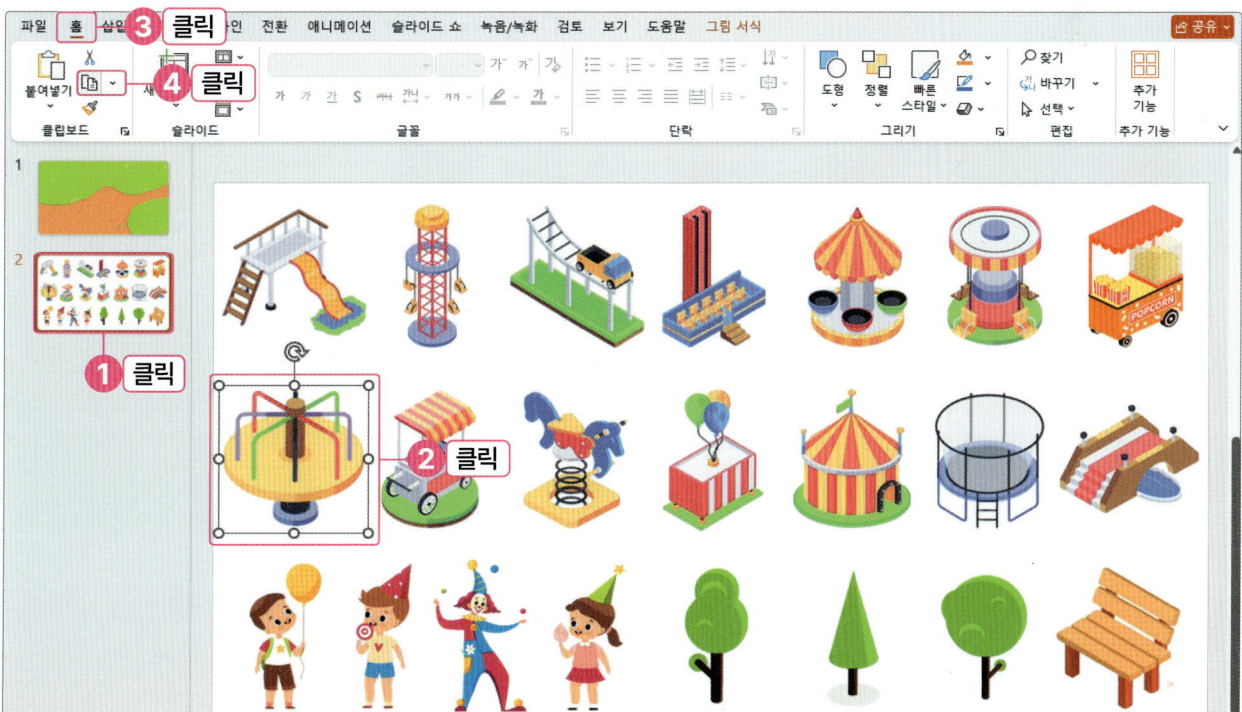

CHAPTER 02 스릴 만점, 놀이동산 출발~! • 13

❸ 1번 슬라이드를 선택한 다음 [홈] 탭-[클립보드] 그룹에서 붙여넣기(📋)를 클릭해요.

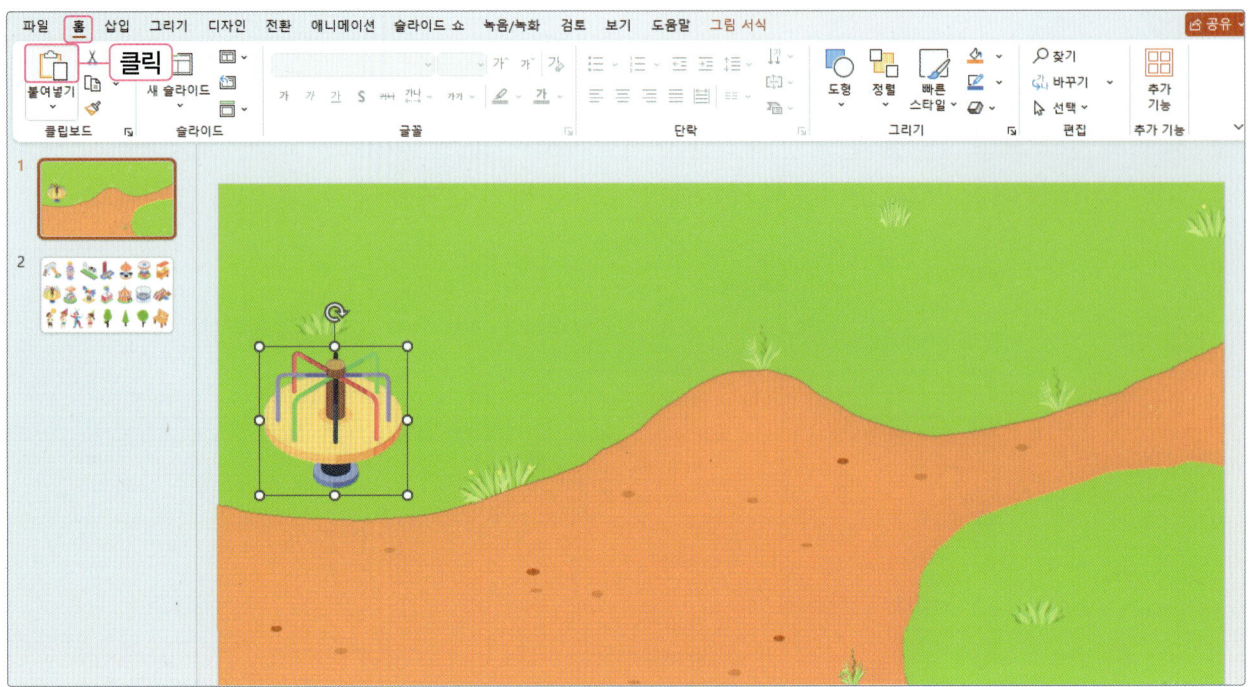

❹ 같은 방법으로 다양한 놀이기구를 원하는 장소에 복사한 후 크기와 위치를 변경해요.

TIP
복사는 Ctrl + C, 붙여넣기는 Ctrl + V 눌러 빠르게 복사 및 붙여넣기를 할 수 있어요.

놀이기구의 순서를 마음대로 변경해요.

① 이미지가 겹쳐질 때는 [그림 서식] 탭-[정렬] 그룹에서 [앞으로 가져오기]-[맨 앞으로 가져오기]를 클릭하여 순서를 변경해요.

 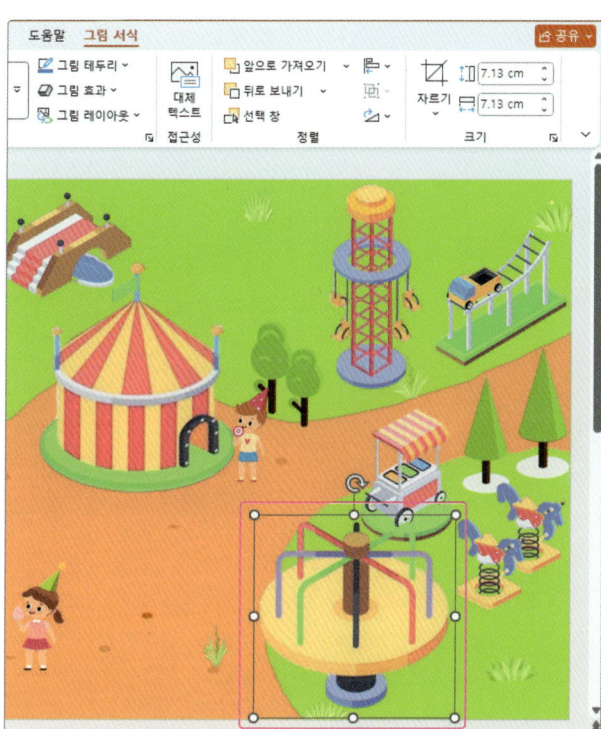

② 그림 방향은 [그림 서식] 탭-[정렬] 그룹에서 [회전]-[좌우대칭]을 클릭하여 변경해요.

❸ 여러 개의 그림을 Ctrl 을 누른 상태에서 함께 클릭한 후 [그림 서식] 탭-[정렬] 그룹에서 [그룹화(🔳 ˅)]-[그룹]을 클릭하면 하나로 그룹화되어 같이 움직일 수 있어요.

개체 삭제하기

그림 개체를 선택한 후 Delete 를 누르고 삭제할 수 있어요.

CHAPTER 02 발표 천재로 가는 길!

톡톡 학습

01 다음 번호의 점을 순서대로 이어서 그림을 완성해 보아요.

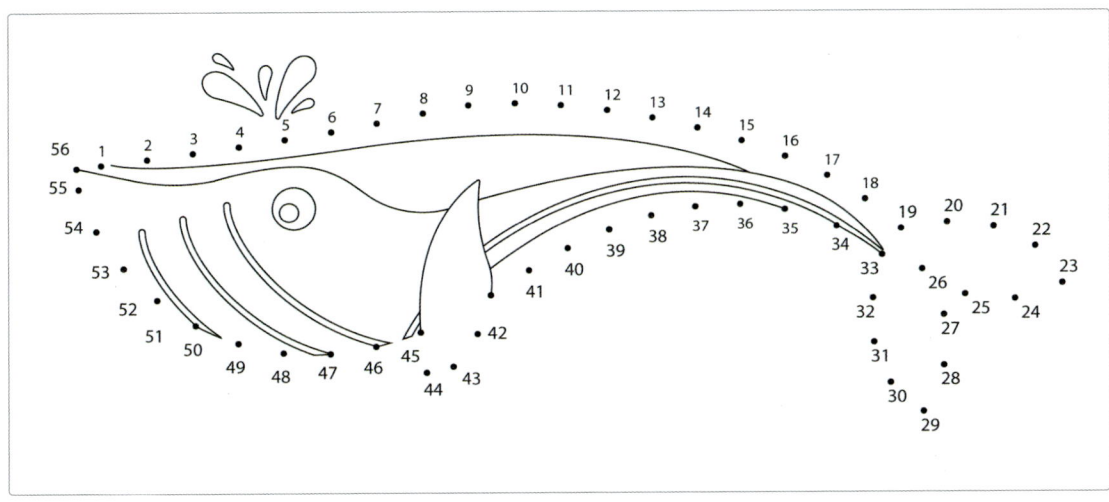

02 [바다 속 물고기.pptx] 파일을 실행한 후 해초 뒤에 숨어있는 꽃게를 앞으로 정렬한 다음 물고기를 드래그 또는 복사하여 [바다 속 물고기] 파일을 완성해 보아요.

📁 불러올 파일 : 바다 속 물고기.pptx

CHAPTER 03
쉿! 내 휴대폰 속의 숨겨진 열쇠

학습 목표
- 텍스트 상자를 이용하여 글자를 입력한 후 글자 속성을 지정할 수 있어요.
- 그리기 도구로 패턴을 만들고 잉크 리플레이를 적용할 수 있어요.
- 그림을 삽입할 수 있어요.

🏆 **미리 보기** 이렇게 만들어 보아요   📘 불러올 파일 : 잠금패턴.pptx   📗 완성된 파일 : 잠금패턴_완성.pptx

① **텍스트 상자 그리기** : [삽입] 탭 → [텍스트 상자] → [가로 텍스트 상자 그리기]를 클릭해요.

② **그리기 도구 사용** : [그리기] 탭 → 펜과 두께 선택해요.

③ **그림 삽입** : [삽입] 탭 → [그림] → [이 디바이스]를 클릭해요.

▶ 호기심 챗 GPT

잠금 패턴이란?
휴대폰은 마치 비밀의 상자 같아요. 이 상자를 열려면 특별한 숫자나 그림을 그려야만 열 수 있어요. 우리는 그 특별한 그림을 '잠금 패턴'이라고 불러요. 잠금 패턴은 점들을 연결해서 그리는 거예요. 예를 들어, 여러 개의 점을 연결해서 그리면, 그 그림은 다른 사람은 못 따라 그리니까, 전화기를 안전하게 지킬 수 있어요.

 **텍스트 상자에 글을 입력하고 서식을 변경해요.**

① 파워포인트 프로그램을 실행한 후 [열기]-[찾아보기]를 클릭해요. [열기] 대화상자가 나타나면 [03차시]-[불러올 파일] 폴더에서 [잠금패턴.pptx] 파일을 선택한 후 [열기]를 클릭해요.

② [삽입] 탭-[텍스트] 그룹에서 [텍스트 상자]-[가로 텍스트 상자 그리기]를 클릭한 다음 말풍선 그림 위에 드래그한 후 "쉿! 비밀이야!!"를 입력해요.

③ 텍스트 상자의 테두리를 클릭한 다음 [홈] 탭-[글꼴] 그룹에서 글자 서식을 수정해요.
• 글꼴(휴먼매직체), 크기(40), 글자 색(빨강), 가운데 맞춤(≡)

2 비밀상자 핸드폰의 잠금 패턴을 만들어요.

① [그리기] 탭-[펜]의 색(흰색), 두께(3.5mm)를 클릭한 후 잠금 패턴을 그려요.

② 잠금 패턴을 그린 후 개체 선택( ) 도구를 클릭하거나 Esc 를 눌러 그리기 기능을 종료해요.

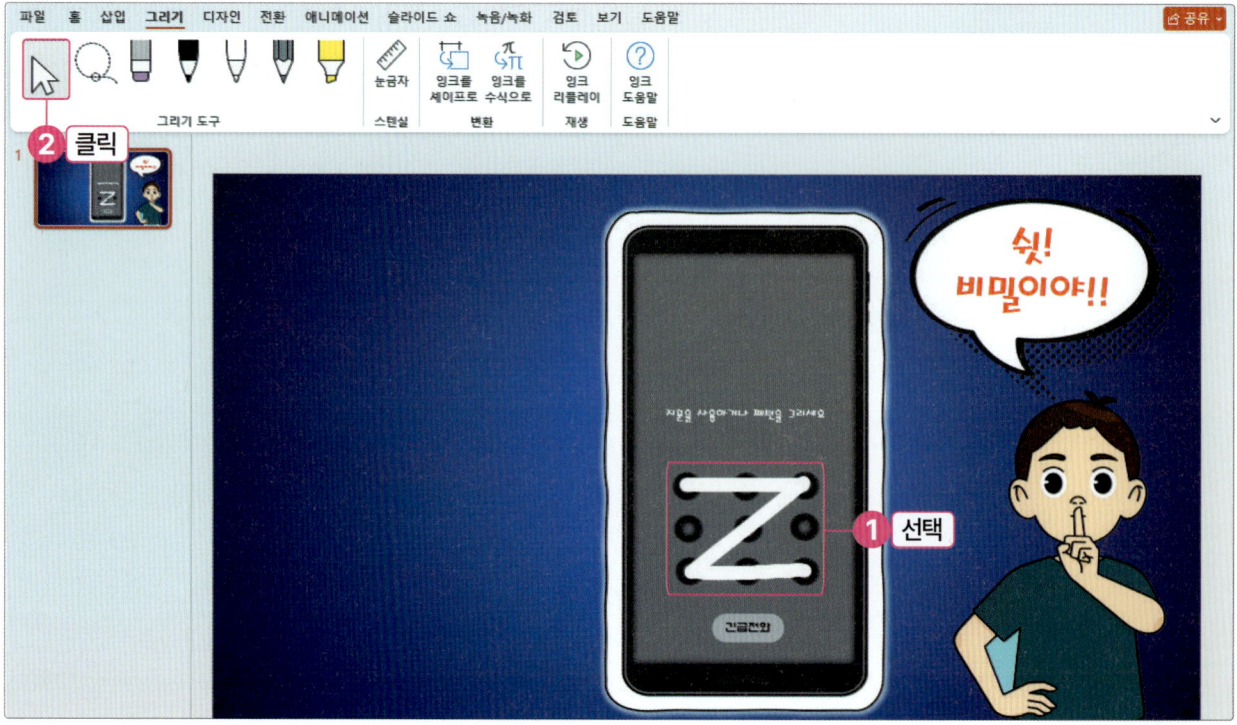

❸ [그리기] 탭-[재생] 그룹에서 [재생]-[잉크 리플레이]를 클릭하면 잠금 패턴의 움직임을 확인할 수 있어요.

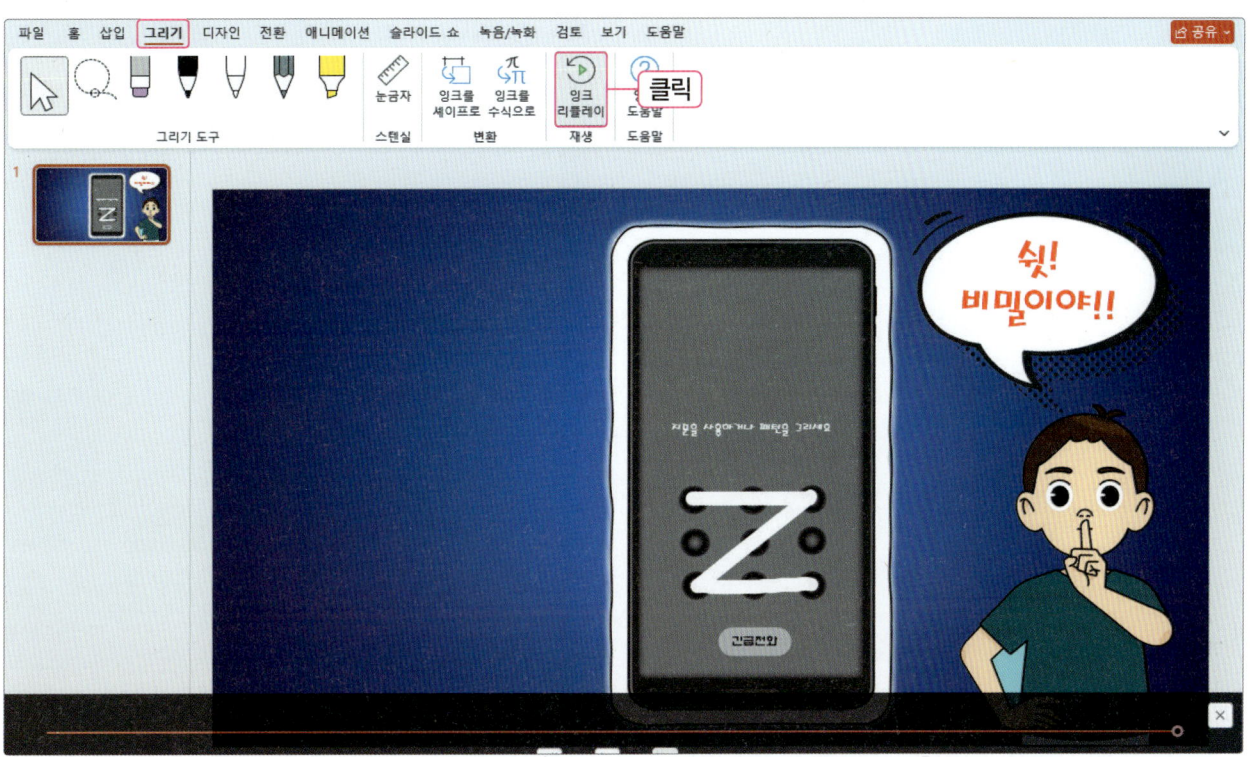

> **알고 넘어가요!**
>
> **애니메이션 적용하기**
>
> [애니메이션] 탭-[애니메이션] 그룹에서 [잉크]-[재생]을 클릭한 후 [잉크]-[되감기]를 클릭하면 잠금 패턴 그림이 나타났다가 사라지는 효과를 만들 수 있어요.
>
>

슬라이드에 그림을 삽입해요.

❶ [삽입] 탭-[이미지] 그룹에서 [그림]-[이 디바이스...]를 클릭해요. [열기] 대화상자가 나타나면 [03차시-불러올 파일]-[이미지] 폴더에서 [핸드폰] 그림 파일을 선택한 후 [삽입]을 클릭해요.

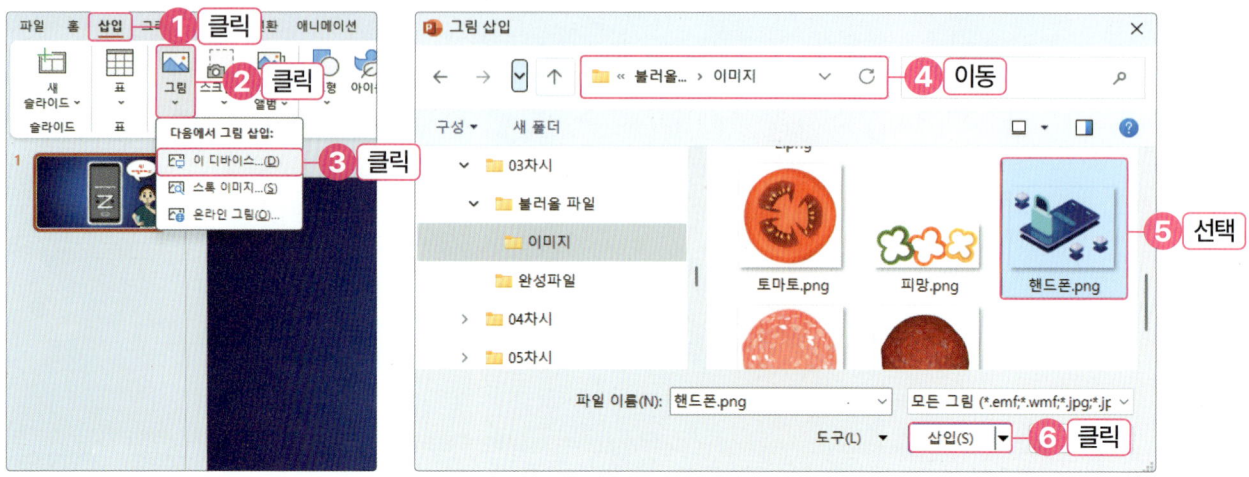

❷ 삽입한 그림의 위치와 크기를 변경해요.

TIP
그림 크기를 조절할 때 Shift 를 누르고 크기 조절점(○)을 드래그하면 그림의 가로와 세로 비율을 유지한 채로 크기를 변경할 수 있어요.

CHAPTER 03 발표 천재로 가는 길!

톡톡 학습

01 [피자.pptx] 파일을 열고 다양한 토핑 그림을 추가하여 피자를 완성해 보아요.

■ 불러올 파일 : 피자.pptx　　■ 완성된 파일 : 피자_완성.pptx

02 완성한 피자 위에 그리기 도구를 이용하여 치즈 토핑을 만들어 보아요.
※ 펜 : 흰색, 3.5mm

CHAPTER 04
오늘도 빛나는 나, 인★그램 업로드

학습 목표
- 다양한 아이콘을 삽입하고 그래픽 스타일을 변경할 수 있어요.
- 도형을 그림으로 채우고 워드아트 글자를 입력할 수 있어요.

미리 보기 — 이렇게 만들어 보아요

■ 불러올 파일 : 인★그램.pptx   ■ 완성된 파일 : 인★그램_완성.pptx

② 글맵시 삽입 : [삽입] 탭 → [WorldArt( )] 스타일 선택 → "Happy day" 입력해요.

① 아이콘 삽입 : [삽입] 탭 → [스톡이미지] → [아이콘]에서 검색 후 삽입해요.

▶ 호기심 쳇 GPT

인스타그램(Instagram)은?
사진과 동영상을 공유할 수 있는 소셜 미디어 플랫폼으로, 2010년에 케빈 시스트롬(Kevin Systrom)과 마이크 크리거(Mike Krieger)가 개발했어요. 자신의 콘텐츠를 업로드하고, 친구나 팔로워들과 공유하며, 다른 사람들의 게시물을 보고 '좋아요'를 누르거나 댓글을 달 수 있어요. 공유하고 싶은 사진을 파워포인트로 만들어 업로드해 볼까요?

 **아이콘을 삽입한 후 그래픽 스타일을 변경해요.**

❶ [04차시]-[불러올 파일] 폴더에서 [인★그램.pptx] 파일을 열고 프로필 텍스트 상자에 "뿌잉이"로 닉네임을 수정해요.

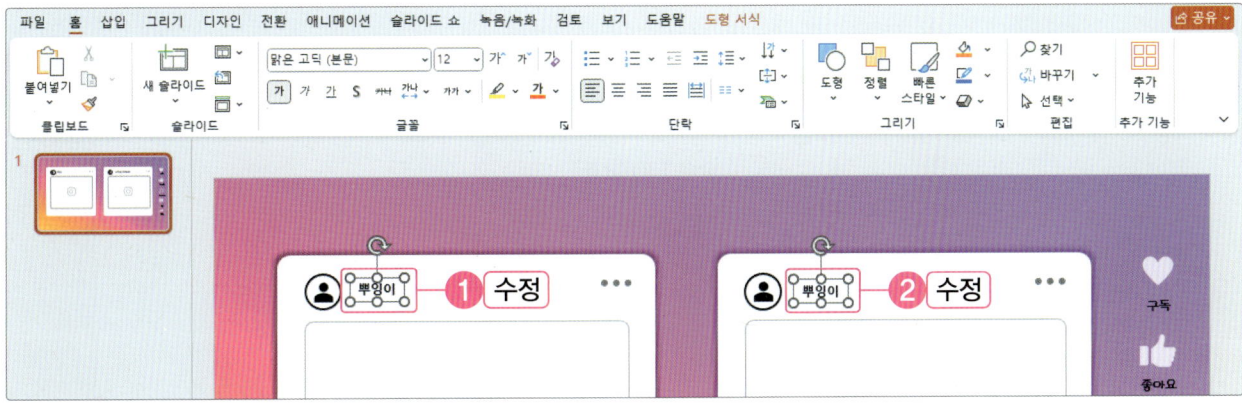

❷ [삽입] 탭-[일러스트레이션] 그룹에서 아이콘(🍃)을 클릭한 후 [스톡이미지]-[아이콘] 탭에서 아이콘을 검색한 다음 삽입해요.

• 아이콘 검색어 : '심장', '대화창', '비행기', '기호'

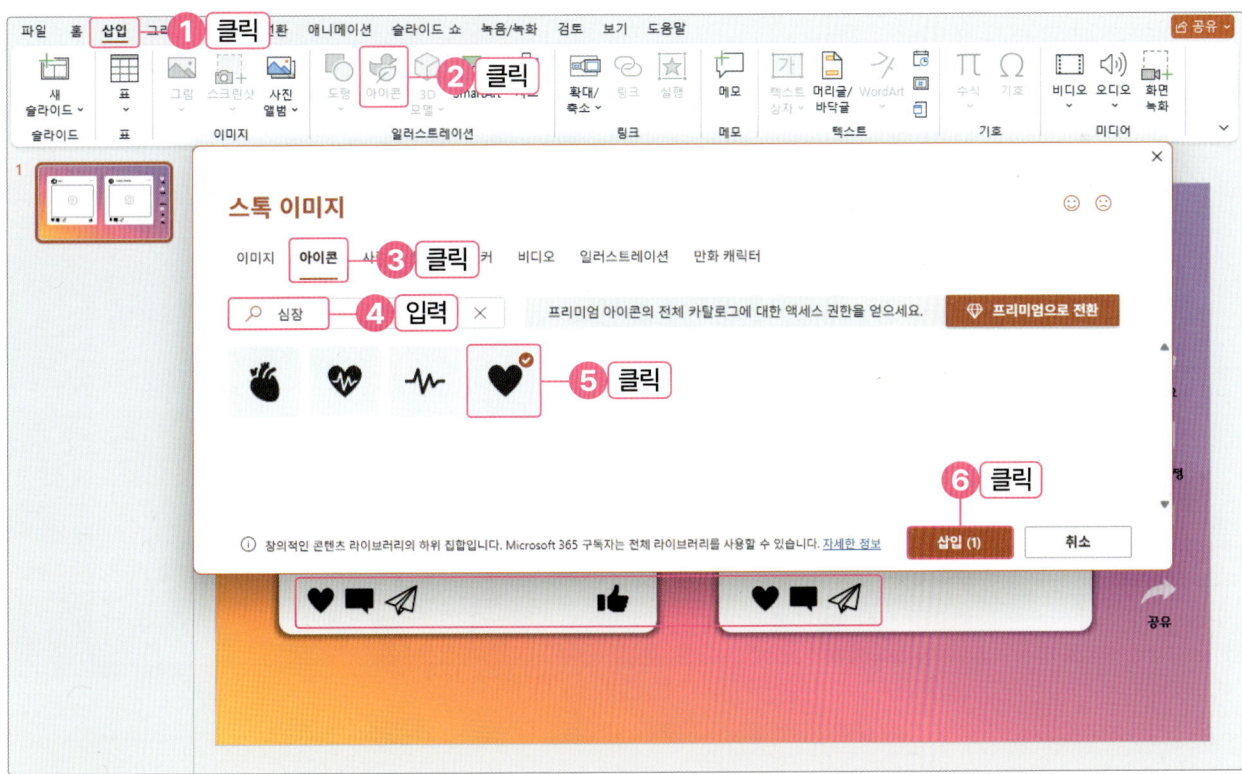

TIP 스톡 이미지를 여러 개 선택한 뒤 [삽입]을 클릭하면 한꺼번에 추가할 수 있어요.

❸ 삽입한 아이콘의 크기를 조절한 후 [그래픽 형식] 탭-[그래픽 스타일] 그룹에서 [그래픽 채우기]를 선택한 다음 원하는 색을 클릭해요.

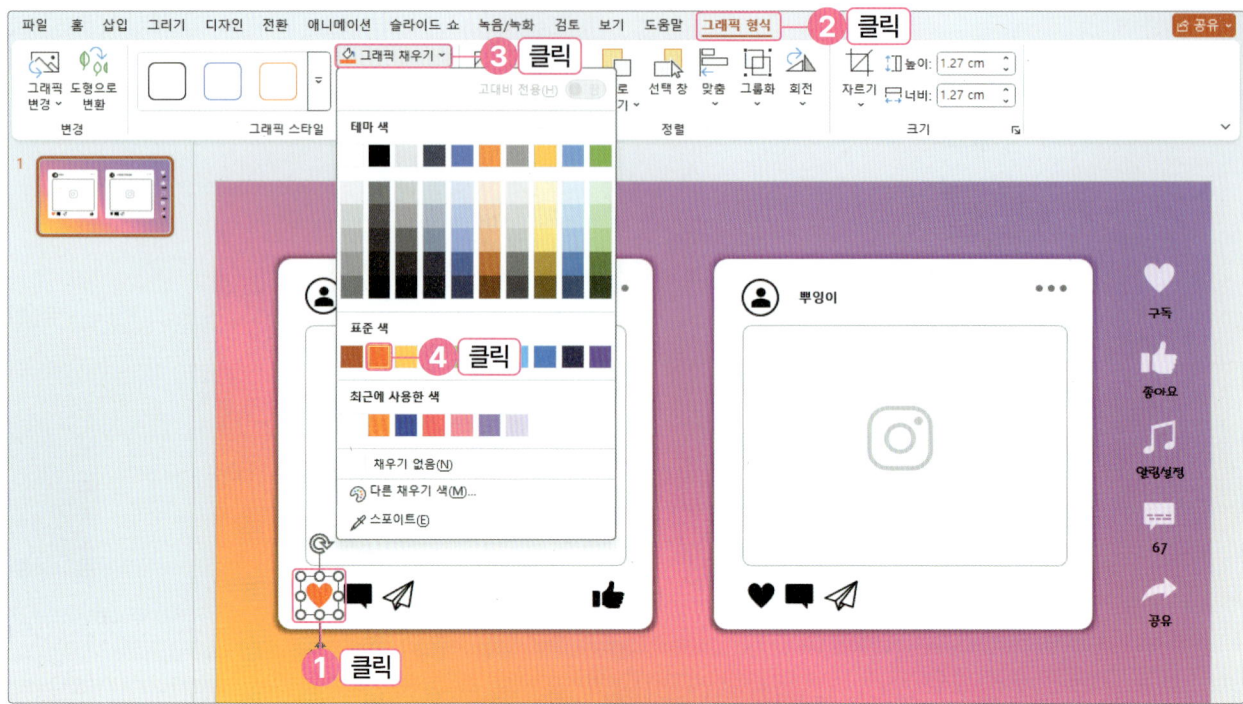

❹ [그래픽 형식] 탭의 [그래픽 채우기]-[다른 채우기 색]에서 다양한 색으로 변경해요.

스포이트로 색 채우기

[그래픽 채우기]-[스포이트]를 선택하면 마우스 포인터 모양이 스포이트( ) 모양으로 변경되어 슬라이드 화면에 보이는 색상을 쉽게 선택할 수 있어요.

2 다양한 그림과 워드아트를 삽입해요.

❶ 그림을 삽입할 도형을 클릭한 후 [도형 서식] 탭-[도형 채우기]-[그림]을 클릭해요.

❷ [그림 삽입] 대화상자의 [파일에서]를 클릭 후 [04차시]-[불러올 파일]-[이미지] 폴더의 [여행] 그림을 선택한 다음 [삽입]을 클릭해요. 같은 방법으로 오른쪽 도형에도 [케익] 그림을 삽입해요.

❸ 키워드를 입력하기 위해 [삽입] 탭-[텍스트 상자]-[가로 텍스트 상자 그리기]를 아이콘 옆에 드래그한 후 "#떠나요#가족여행#신난당~"글을 입력한 다음 서식을 수정해요.

• 글꼴(휴먼매직체), 글꼴 크기(18)

❹ 입력한 텍스트 상자를 Ctrl + Shift 를 누르고 드래그한 후 [케익] 그림 아래에 복사한 다음 "#10번째 생파#성공적#오늘기분촤오" 키워드로 수정해요.

❺ [삽입] 탭-[WorldArt( )]-[채우기: 검정, 텍스트 색 1, 그림자]를 클릭한 후 "Happy day"을 입력해요.

 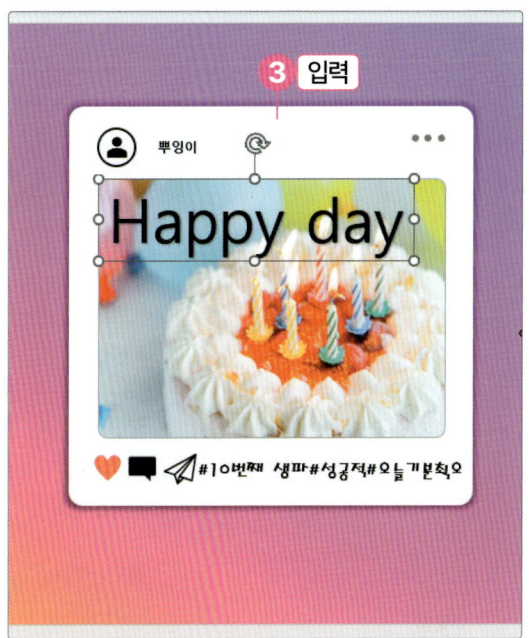

❻ 삽입한 워드아트를 한 글자씩 블록으로 지정한 후 [셰이프 형식] 탭-[WordArt 스타일] 그룹-[텍스트 채우기]로 글자의 색상을 수정해요.

⑦ 워드아트 테두리를 클릭한 후 [도형 서식] 탭-[WordArt 스타일] 그룹-[텍스트 효과]-[변환]-[원호]를 클릭해요.

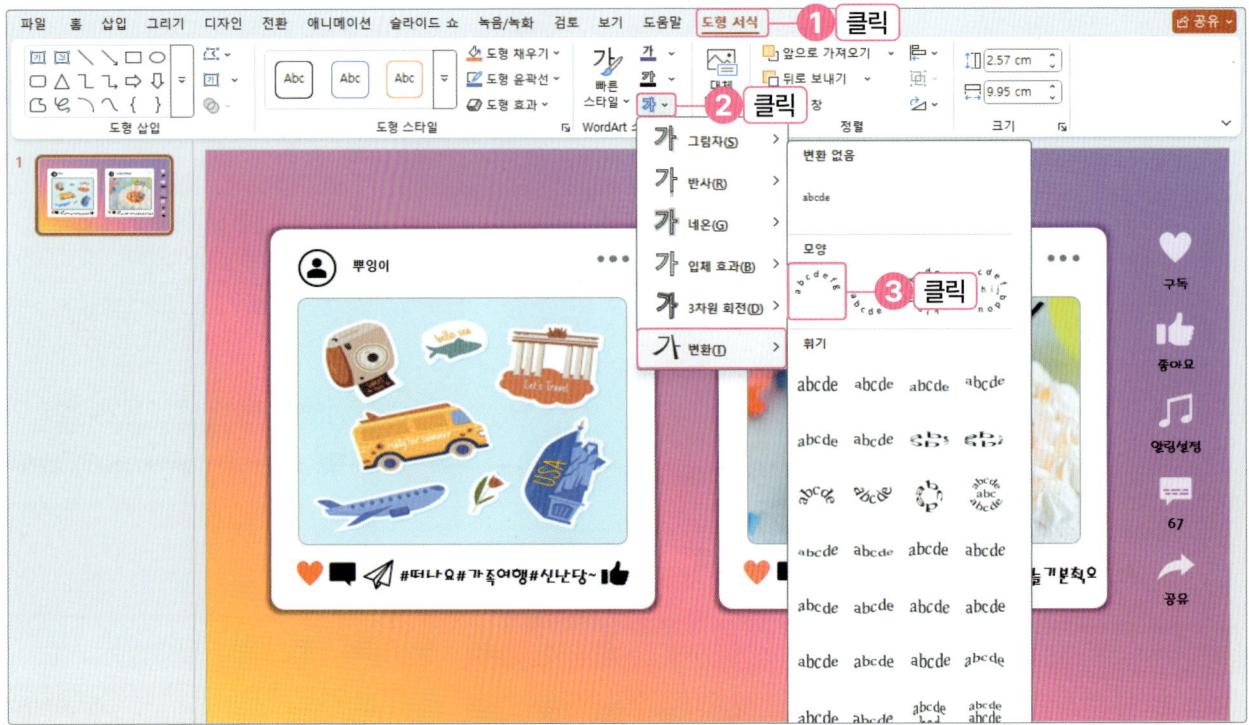

⑧ 워드아트를 클릭한 후 회전( ) 도구로 회전한 다음 크기를 조절해요.

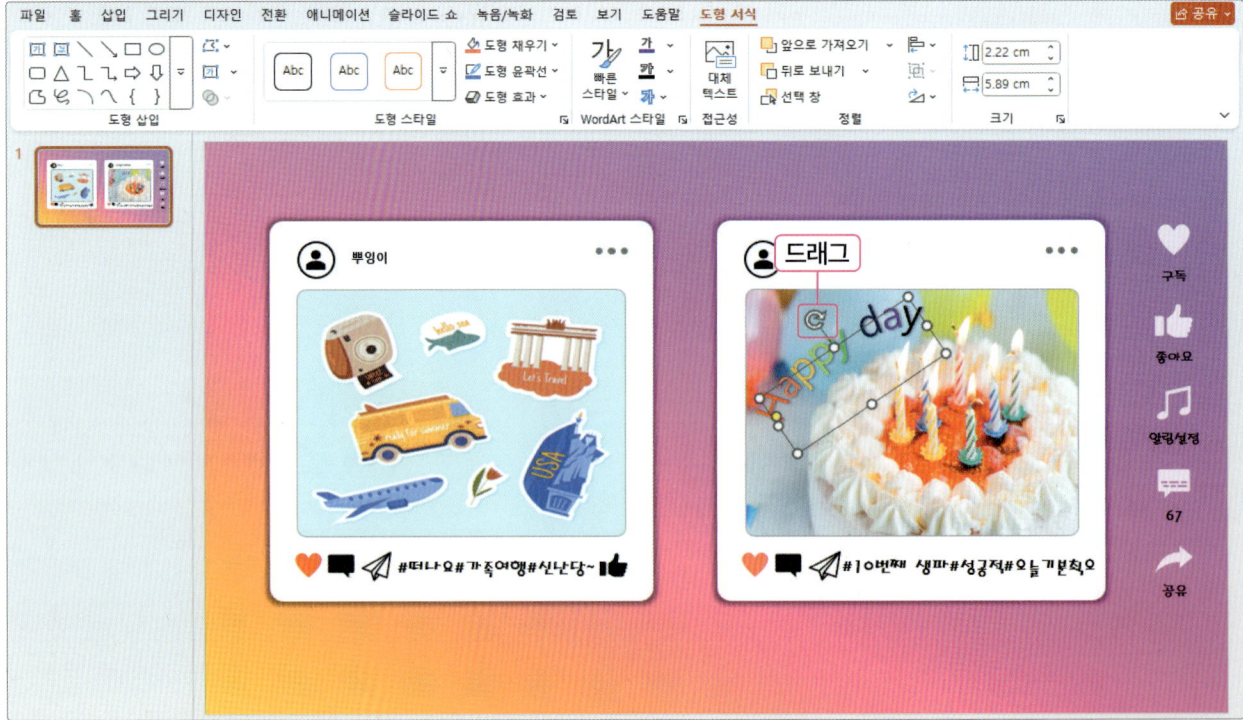

CHAPTER 04 발표 천재로 가는 길!

톡톡 학습

01 [크리스마스.pptx] 파일을 열고 워드아트와 아이콘(눈)을 삽입해 보아요.

■ 불러올 파일 : 크리스마스.pptx   ■ 완성된 파일 : 크리스마스_완성.pptx

02 다음 아이콘에 해당하는 기능을 선으로 이어 보아요.

 •   • 그림

 •   • 아이콘

 •   • 워드아트

 •   • 텍스트 상자

CHAPTER 05

초간단 메뉴판 하나로 나도 맛집 주인~

학습 목표
- 그림 슬라이드를 만들고 슬라이드를 복제할 수 있어요.
- 슬라이드에 화면 전환 효과를 지정할 수 있어요.

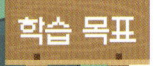 **미리 보기** 이렇게 만들어 보아요

 📁 불러올 파일 : 메뉴판.pptx   📁 완성된 파일 : 메뉴판_완성.pptx

① 슬라이드 복제 : Ctrl + D 로 슬라이드를 복제해요.

② 화면 전환 효과 : [전환] 탭 → [페이지 말아 넘기기] 효과를 클릭해요.

▶ **호기심 쳇 GPT**

메뉴판이란?
메뉴판 만들기는 단순히 음식 이름을 적는 게 아니라, 레스토랑의 첫인상을 결정짓는 창의적인 작업이에요. 손님이 메뉴판을 펼치는 순간, 음식의 매력이 전해져야 하거든요!
맛있는 요리를 돋보이게 하는 메뉴판을 파워포인트의 마법으로 재미있게 만들어 볼까요?

1 슬라이드를 복제해요.

① [05차시]-[불러올 파일] 폴더에서 [메뉴판.pptx] 파일을 열고 1번 슬라이드의 제목을 "흑백식당 메뉴판"으로 입력해요.

② 콘텐츠 창의 [그림 삽입( )] 아이콘]-[시작 장치]를 클릭한 후 [05차시]-[불러올 파일]-[메뉴판 이미지] 폴더에서 [표지] 그림을 선택한 다음 [삽입]을 클릭해요.

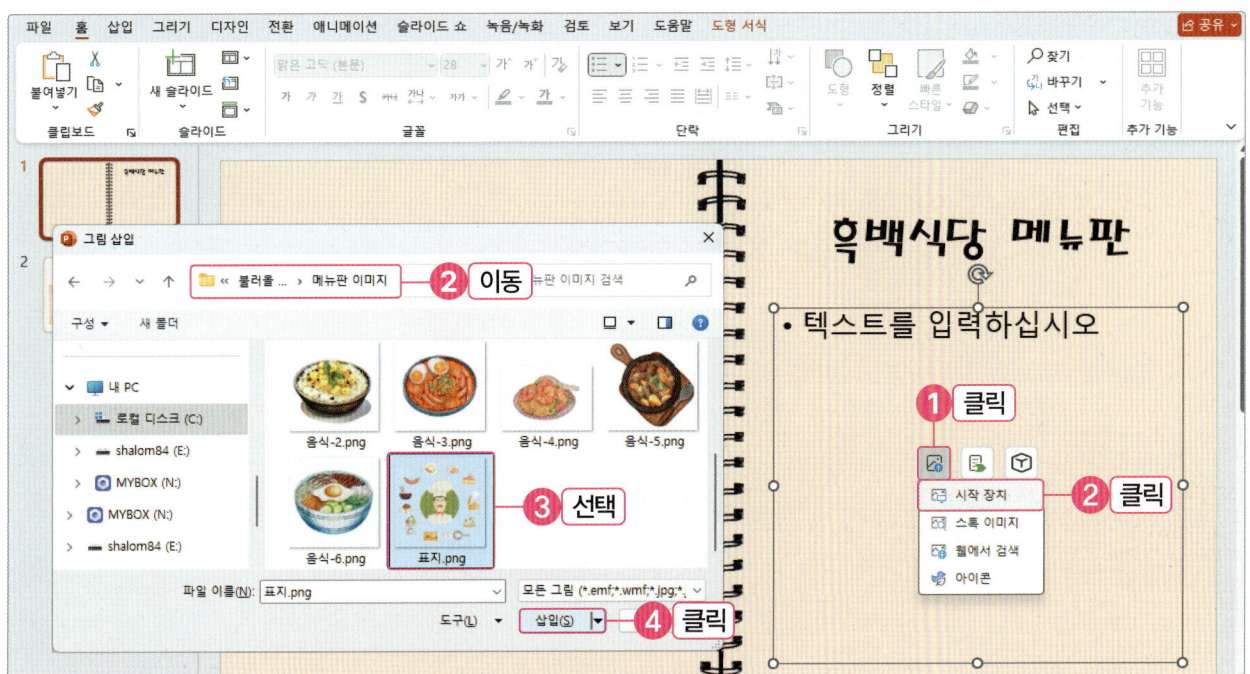

❸ 2번 슬라이드를 클릭한 후 콘텐츠 창의 [그림 삽입(📷)] 아이콘-[시작 장치]를 클릭한 다음 [음식-1], [음식-2]를 각각 삽입해요.

❹ 제목 텍스트 상자를 클릭한 후 메뉴 이름을 입력하고 서식을 수정해요.

• 글꼴(휴먼매직체), 글꼴 크기(28pt)

• 슬라이드 2 텍스트 : ① 힘이 불끈! 삼계탕 20,000원,
　　　　　　　　　② 달디달고 고소한 영양밥 12,000원

TIP
Shift 를 눌러 텍스트 상자를 함께 선택한 후 서식을 빠르게 변경할 수 있어요.

❺ 슬라이드 보기 창에서 2번 슬라이드를 선택한 후 바로 가기 메뉴 [슬라이드 복제]를 클릭해요. 복제된 슬라이드의 [메뉴와 가격] 텍스트를 각각 입력해요.

- 슬라이드 3 텍스트 : ① 매콤 쫄깃 떡볶이 8,000원
  ② 새우 통통 볶음밥 12,000원

- 슬라이드 4 텍스트 : ① 육즙 팡팡 찹스테이크 20,000원
  ② 초록 가득 비빔밥 12,000원

> **TIP**
>
> **슬라이드 복제 단축키**
> 슬라이드 보기 창에서 복사할 슬라이드를 선택하고 Ctrl + D 를 누르면 빠르게 슬라이드 복제를 할 수 있어요.

❻ 3번과 4번 슬라이드의 음식 이미지를 클릭한 후 바로 가기 메뉴의 [그림 바꾸기]-[이 디바이스]를 클릭한 다음 메뉴에 맞는 그림으로 각각 변경해요.

2 슬라이드의 화면 전환 효과를 설정해요.

❶ [삽입] 탭-[그림]을 클릭한 후 각 슬라이드에 [요리사] 그림과 추천 메뉴 표시를 위한 그림을 삽입해요.

❷ 슬라이드 보기 창에서 1번을 제외한 슬라이드를 각각 선택한 후 [전환] 탭-[슬라이드 화면 전환] 그룹에서 [화려한 효과]-[페이지 말아 넘기기]를 클릭해요.

❸ [슬라이드 쇼] 탭-[슬라이드 쇼 시작] 그룹에 처음부터(🖵)를 클릭한 후 슬라이드 쇼를 확인해요.

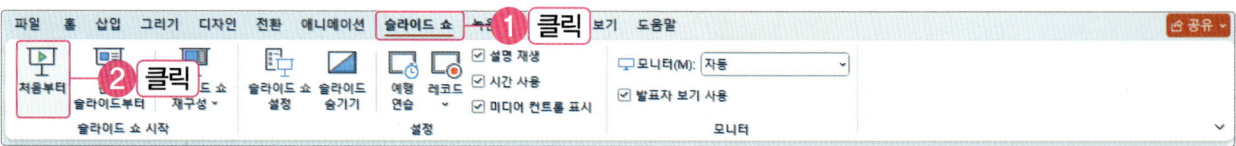

36 • 발표천재 파워포인트 2021

CHAPTER 05 발표 천재로 가는 길!

톡톡 학습

01 '생일 축하 카드'를 만들고 전환 효과를 넣어 [쇼 실행] 해 보아요.

• 작성 조건 : 배경색 변경, 그림 삽입, 텍스트 입력, 전환 효과 적용

■ 불러올 파일 : 생일 카드 이미지   ■ 완성된 파일 : 생일카드_완성.pptx

CHAPTER 06
상상이 현실이 되는 3D 우주여행

학습 목표
- 새 프레젠테이션을 시작할 수 있어요.
- 애니메이션 3D 모델을 삽입하고 움직이도록 설정할 수 있어요.

미리 보기 — 이렇게 만들어 보아요

📁 완성된 파일 : 3D 우주여행_완성.pptx

① **새 프레젠테이션** : [홈] 탭에서 [새 프레젠테이션] 클릭해요.

② **3D 모델 삽입** : [삽입] 탭 → 3D 모델(📦) → [스톡 3D 모델] → 장면을 선택해요.

▶ 호기심 챗 GPT

우주탐험은?
인류가 하늘을 올려다보며 품었던 꿈에서 시작되었어요. NASA의 퍼서비어런스 로버는 지금 화성에서 열심히 땅을 파고 있어요. 또한 스페이스X의 일론 머스크는 화성에 도시를 세우겠다고 선언했어요. 그는 사람들이 화성으로 이사가서 살 수 있도록 대형 우주선 스타쉽을 개발 중이에요. 우주는 여전히 미지의 세계지만 매일 새로운 발견으로 가득해요. 다음은 어떤 모험이 기다리고 있을까요?

1 새 프레젠테이션을 시작해요.

① 파워포인트를 실행한 후 [새 프레젠테이션]을 클릭해요. [홈] 탭-[슬라이드] 그룹의 [슬라이드 레이아웃(□)]에서 [빈 화면]을 클릭해요.

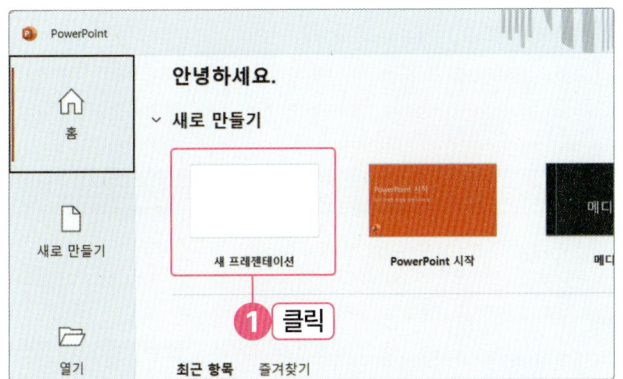
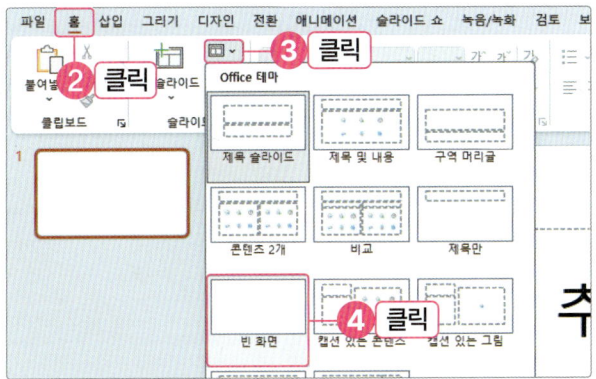

② 슬라이드의 빈 화면에서 바로 가기 메뉴 배경 서식(🎨)을 클릭한 후 [그림 또는 질감 채우기]를 클릭한 다음 [삽입]을 클릭해요.

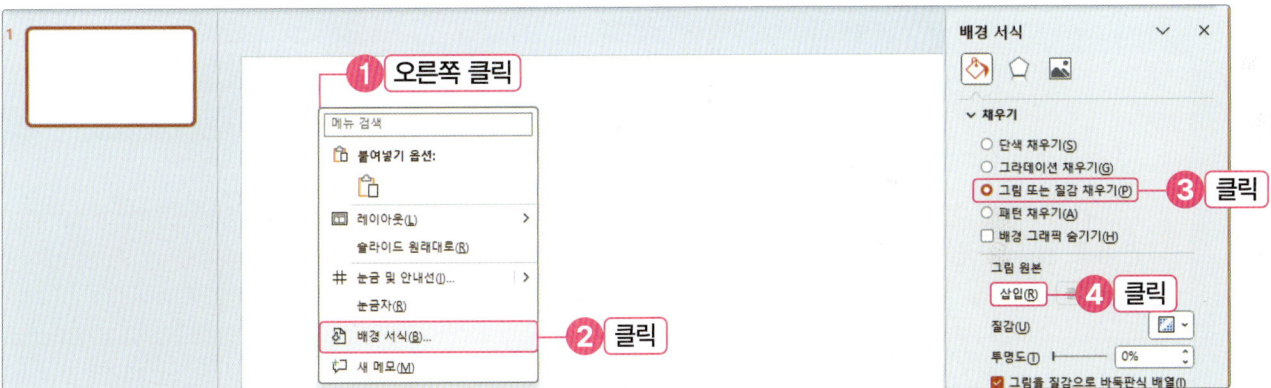

③ [그림 삽입] 창의 [파일에서]를 클릭 후 [06차시]-[불러올 파일] 폴더의 [우주] 그림 파일을 선택한 후 [삽입]을 클릭해요.

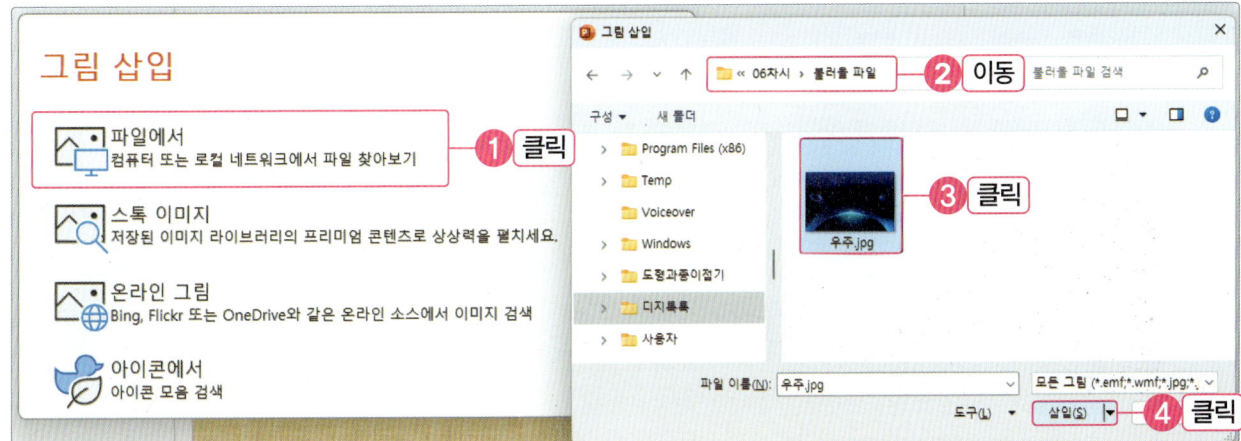

CHAPTER 06 상상이 현실이 되는 3D 우주여행 • 39

 ## 2 애니메이션 3D 모델을 삽입해요.

① [삽입] 탭-[일러스트레이션] 그룹에서 3D 모델( )의 [스톡 3D 모델]을 클릭한 후 [온라인 3D 모델]-[Space]에서 "인공위성"과 "우주인" 모델을 삽입해요.

TiP

영어로 "space" 검색하기
검색창에 "space"로 입력하면 더 많은 3D 우주 그림을 찾을 수 있어요.

② 인공위성 모델을 클릭한 후 [3D 모델] 탭-[3D 모델 보기] 그룹에서 자세히( )를 클릭한 다음 [위쪽 뒤 오른쪽]을 클릭해요.

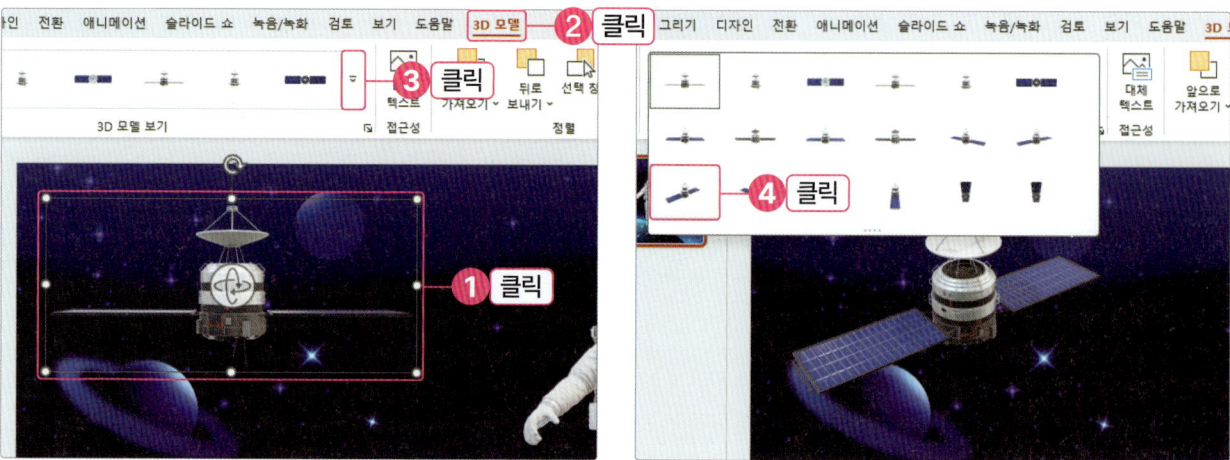

40 • 발표천재 파워포인트 2021

❸ 3D 모델 [우주인] 그림을 클릭한 후 [3D 회전] 도구를 이용해 원하는 방향으로 회전하고 크기를 조절해요.

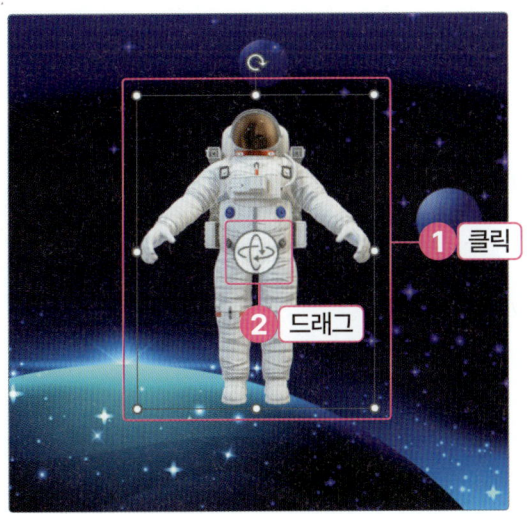
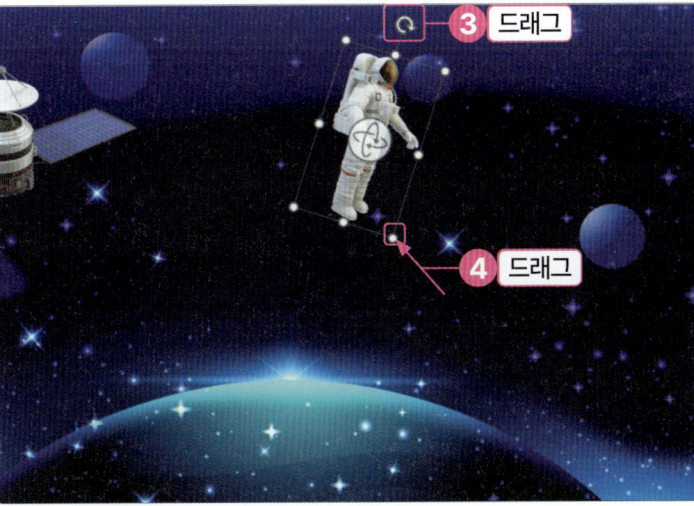

❹ 같은 방법으로 애니메이션( ) 표시가 있는 '위성'과 '우주인' 3D 모델을 찾아 삽입해요.

❺ 3D 모델 [우주인] 그림을 클릭한 후 [3D 모델] 탭-[3D 재생] 그룹에서 장면(🏃)을 클릭한 다음 [장면 3]을 클릭해요.

❻ [3D 모델] 탭-[3D 모델 보기] 그룹에서 자세히(▾) 클릭한 후 [위쪽 왼쪽]을 클릭해요.
이어서 Ctrl + D 를 눌러 우주인을 복제한 후 두 번째 우주인의 설정을 변경해요.

• 두 번째 우주인 : 장면4, 위쪽 오른쪽

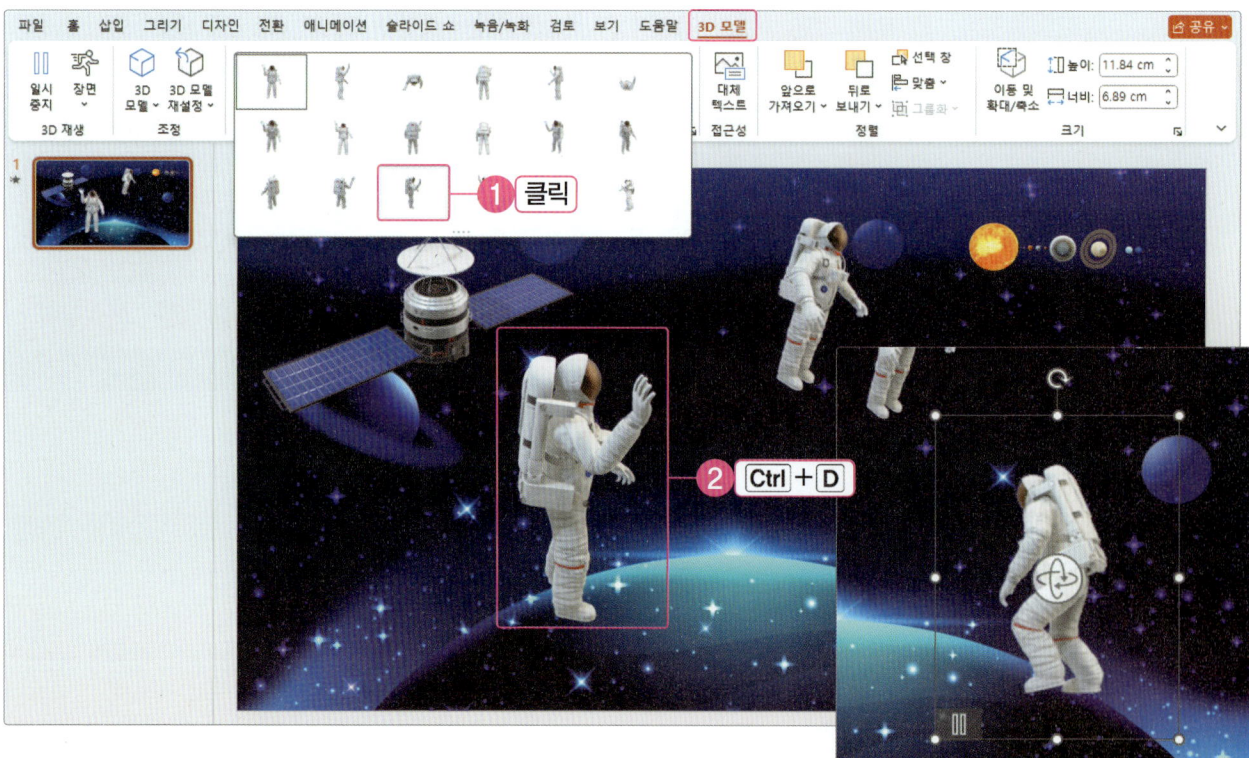

❼ [삽입] 탭-[도형]-[설명선]에서 [말풍선:모서리가 둥근 사각형(🗨)]을 드래그한 후 "우주에 온 걸 환영해~"를 입력해요.

❽ [도형 서식] 탭-[도형 스타일] 그룹에서 [자세히]-[미세효과-회색, 강조 3]을 클릭한 후 모양 조절점 (🎖)으로 말풍선 꼬리의 위치를 드래그 해요.

⑨ 삽입한 말풍선을 Ctrl+D를 눌러 복제한 후 도형의 위치와 크기를 변경한 다음 말풍선의 텍스트를 수정해요.

⑩ 그림을 선택한 후 3D 컨트롤(⊕)을 드래그하여 원하는 방향으로 회전하거나 기울여요.

3D 모델 그림을 선택한 후 바로 가기 메뉴의 [보기]를 클릭하여 움직임을 빠르게 변경할 수 있어요.

CHAPTER 06 발표 천재로 가는 길!

톡톡 학습

01 "3D 키워드" 파일을 실행한 후 다음 조건에 맞게 작성해요.

- 작성 조건 : 도형(타원) 삽입 - 네온 효과, 부드러운 가장자리 10포인트
  그림 삽입 - 애니메이션 3D 모델-shark, 왼쪽 효과, Animals-공룡, 장면1효과
  '연골어류(軟骨魚類)', '파충류' - 텍스트 효과-네온 효과

📘 불러올 파일 : 3D 키워드.pptx 📗 완성된 파일 : 3D 키워드_완성.pptx

상어 [shark]

상어는 가오리와 함께 **연골어류(軟骨魚類)**에 속하며 9목을 포함한다. 전 세계의 열대 및 한대 바다에 440여 종이 살고 있다.

상어는 종에 따라 전장이 40cm 전후의 두툽상어로부터 몸길이 1m의 개상어, 6m의 백상아리, 20m의 고래상어까지 크기가 다양하다. 뼈가 모두 연골로 이루어져 있는 점이 경골어류와의 가장 큰 차이점이다. 몸은 작은 가시(비늘)가 밀생한 까칠한 껍질로 덮여 있다.

공룡 [Dinosaur]

공룡(dinosaur)은 중생대 동안 지구에서 가장 번성했던 **파충류** 가운데 하나이다.
1842년에 영국의 해부학자 리차드 오웬(Richard Owen)은 이전까지 알려지지 않았던 파충류 그룹에 대해 그리스어 **Deinos(끔찍한)**와 **Sauros(파충류 또는 도마뱀)**를 합쳐 dinosaur(공룡)이라는 용어를 사용하였다.

CHAPTER 07
글자의 마법! 텍스트 뿌시기 대작전

학습 목표
- 텍스트를 도형으로 변경하여 글자 조각을 만들 수 있어요.
- 글자 도형의 색을 패턴과 그라데이션으로 꾸밀 수 있어요.

🏆 미리 보기 이렇게 만들어 보아요

📁 불러올 파일 : 텍스트 뿌시기.pptx   📁 완성된 파일 : 텍스트 뿌시기_완성.pptx

① **텍스트 도형 만들기** : [도형 삽입] 그룹 → [도형 병합(🔘)]의 조각을 클릭해요.

② **패턴 채우기** : [도형 서식] 탭 → [도형 스타일] 그룹 → [채우기] → [패턴 채우기]를 클릭해요.

▶ 호기심 챗 GPT

한글은 세종대왕이 사람과 자연을 본떠서 만든 글자에요.
한글의 자음은 사람의 발음 기관(입 모양, 혀)을 모방하여 만들었어요. 모음은 천지인(하늘, 땅, 사람)을 바탕으로 구성되었어요. 이렇게 자음과 모음이 조합되어 우리는 다양한 소리를 표현할 수 있어요.
컴퓨터 키보드에서도 한글은 가장 빠르게 입력할 수 있는 글자로 알려져 있어요.

46 • 발표천재 **파워포인트** 2021

1 글자를 도형으로 변경해요.

❶ [07차시]-[불러울 파일] 폴더에서 [텍스트 뿌시기.pptx]파일을 실행해요.

❷ [삽입] 탭-[텍스트 상자]을 클릭한 후 화면에 드래그한 다음 "글자의 마법!"을 입력해요.

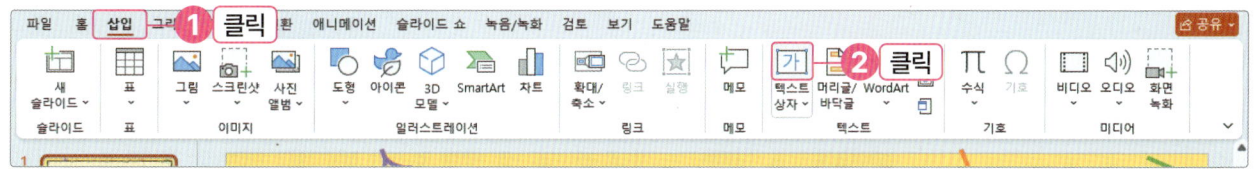

❸ 텍스트 상자 테두리를 클릭한 후 [홈] 탭에서 서식을 수정해요.
   • 글꼴(HY얕은샘물M), 글꼴 크기(135pt, 진하게, 가운데 맞춤)

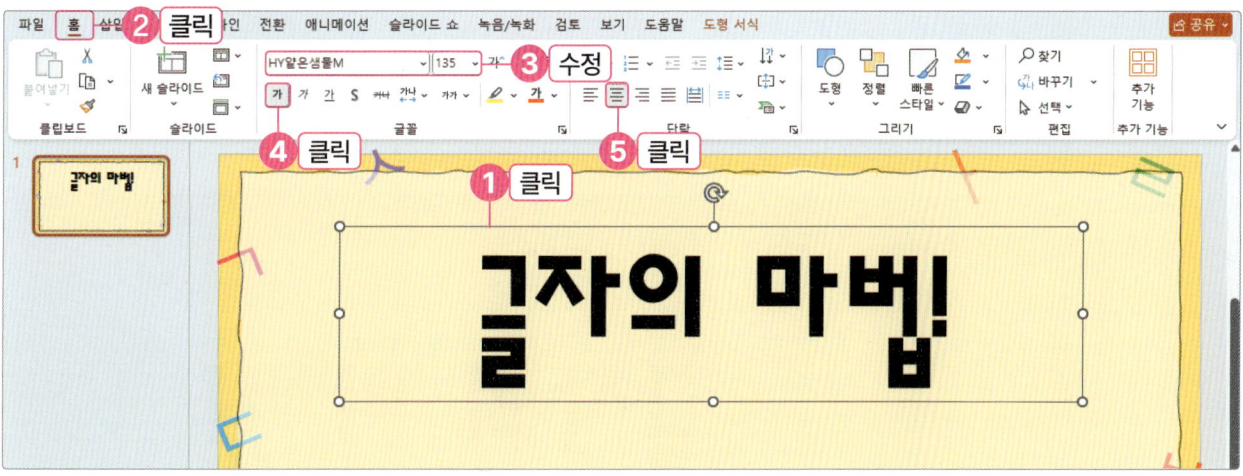

❹ 입력한 텍스트 상자를 Ctrl+D를 눌러 복제한 후 아래로 드래그한 다음 "텍스트 뿌시기 대작전"으로 수정해요.

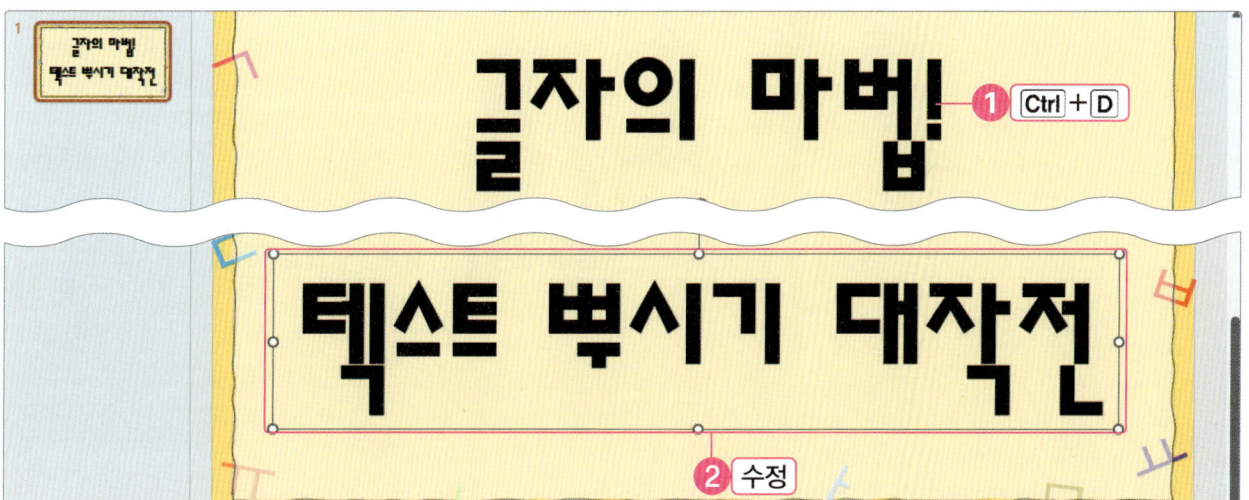

5) 텍스트 상자 전체를 선택한 후 [도형 서식] 탭-[도형 삽입] 그룹에서 도형 병합(◎)의 조각(◎)을 클릭해요.

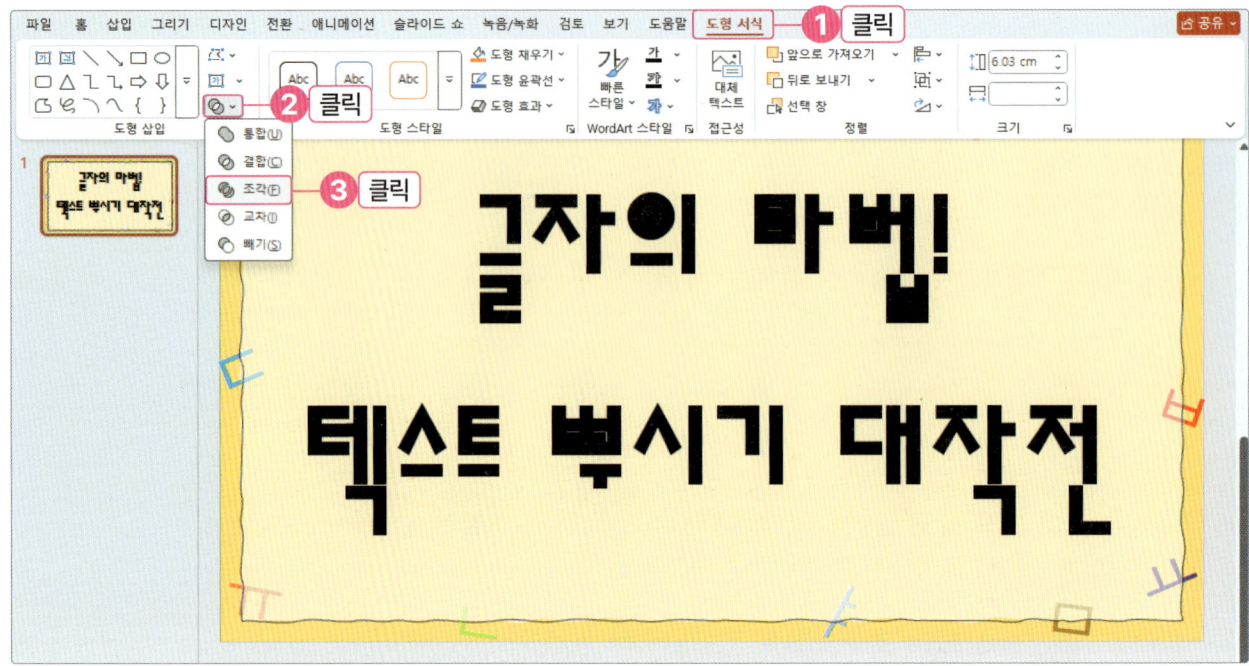

6) ㅇ,ㅁ,ㅂ,ㅃ 글자의 안쪽 도형을 Delete 로 삭제한 후 모든 글자 도형을 회전 조절점(◎)으로 자유롭게 회전하고 이동해요.

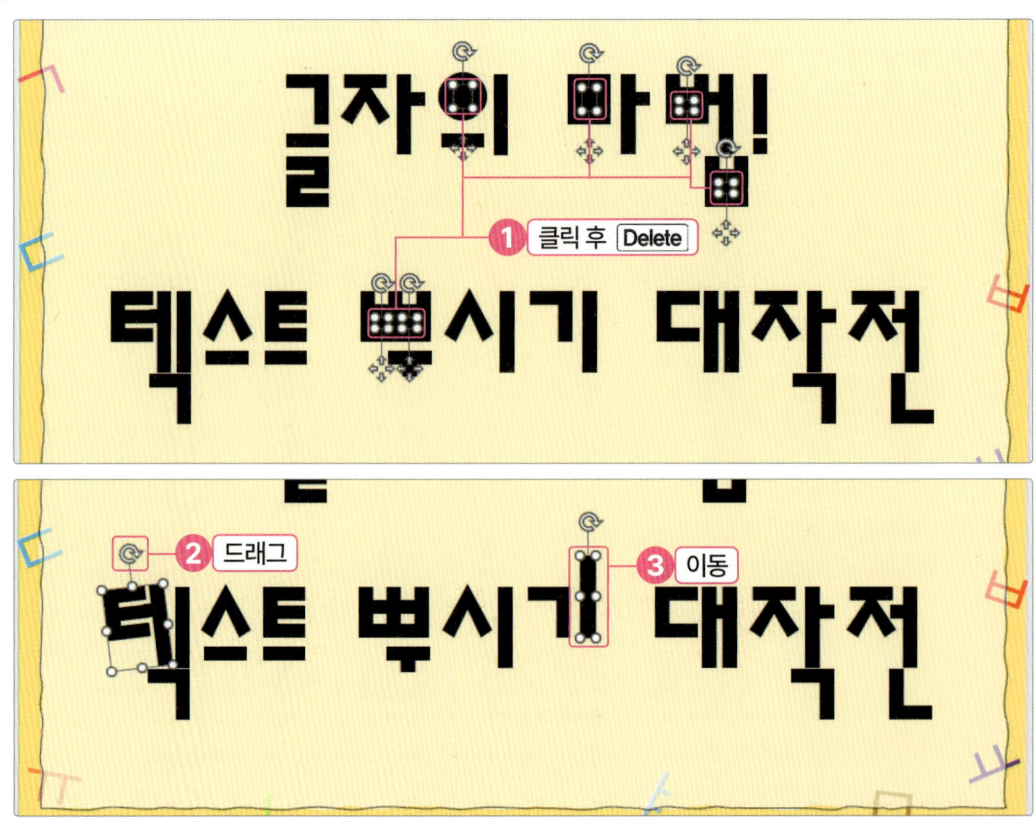

2 패턴과 그라데이션으로 도형을 채워요.

① 도형으로 변경된 "ㄱ"을 클릭한 후 [도형 서식] 탭-[도형 스타일] 그룹에서 도형 서식( )을 클릭한 다음 [채우기]-[패턴 채우기]의 서식을 변경해요.

• 패턴 : 수평 벽돌 무늬, 전경색 : 주황, 강조2, 60% 더 밝게, 배경 : 주황, 강조2, 50% 더 어둡게

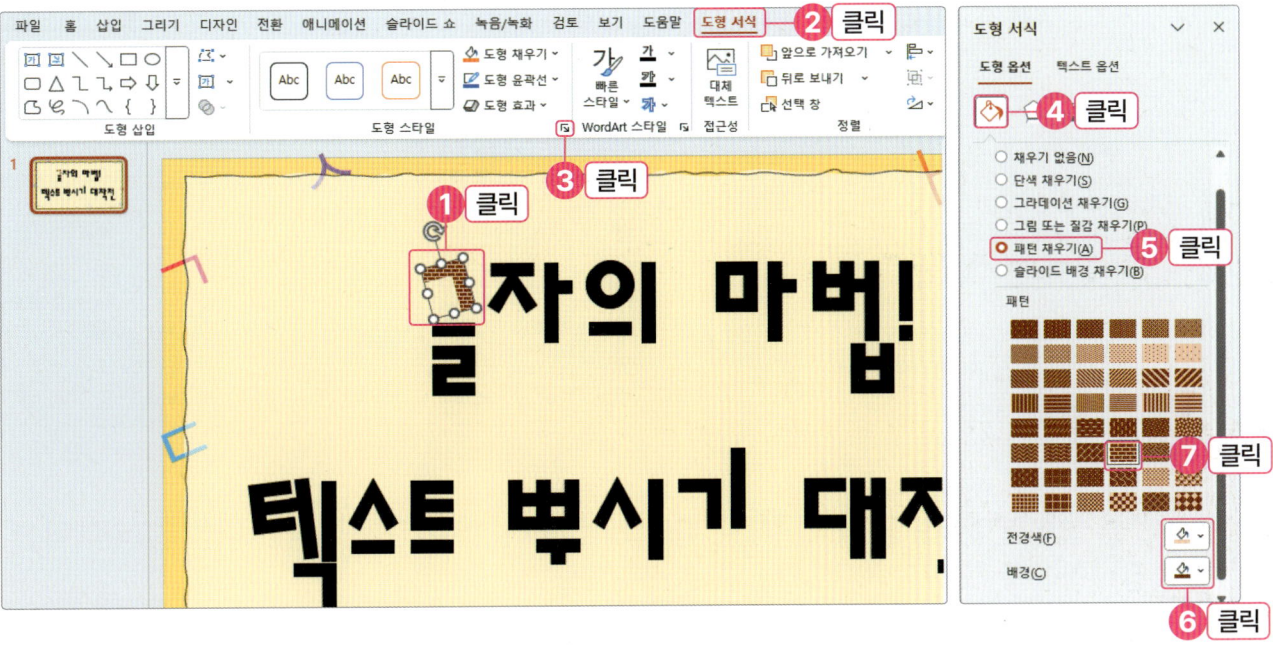

② 글자 도형을 클릭한 후 [도형 서식]의 [채우기]-[패턴 채우기]를 클릭한 다음 [전경색]-[다른 색]-[사용자 지정]-[16진수] 칸에 색상 코드를 직접 입력해요.

• "ㅂ" 패턴 : 색종이 조각, 전경색 : #FF99CC, 배경색 : #CC66FF

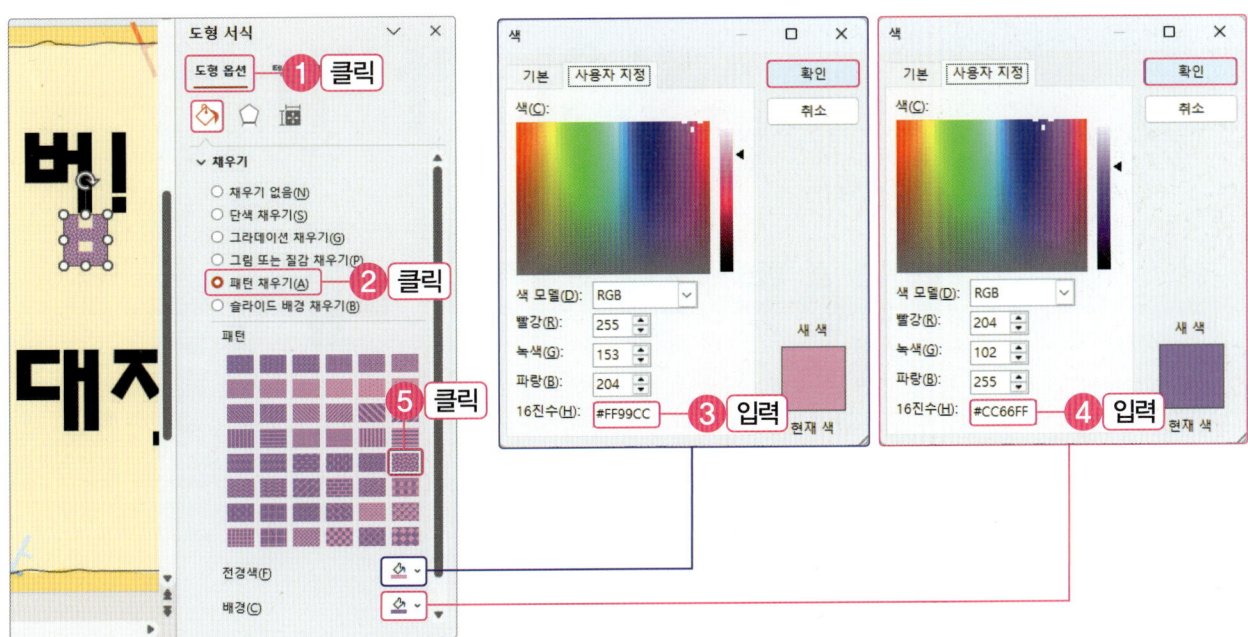

❸ 같은 방법으로 다른 글자 도형의 채우기 색을 다양한 [패턴]과 [그림 또는 질감]으로 변경해요.

❹ "ㅡ"를 클릭한 후 [도형 서식]-[채우기]-[그라데이션 채우기]를 클릭한 다음 [그라데이션 미리 설정]-[아래쪽 스포트라이트-강조 2]로 클릭해요.

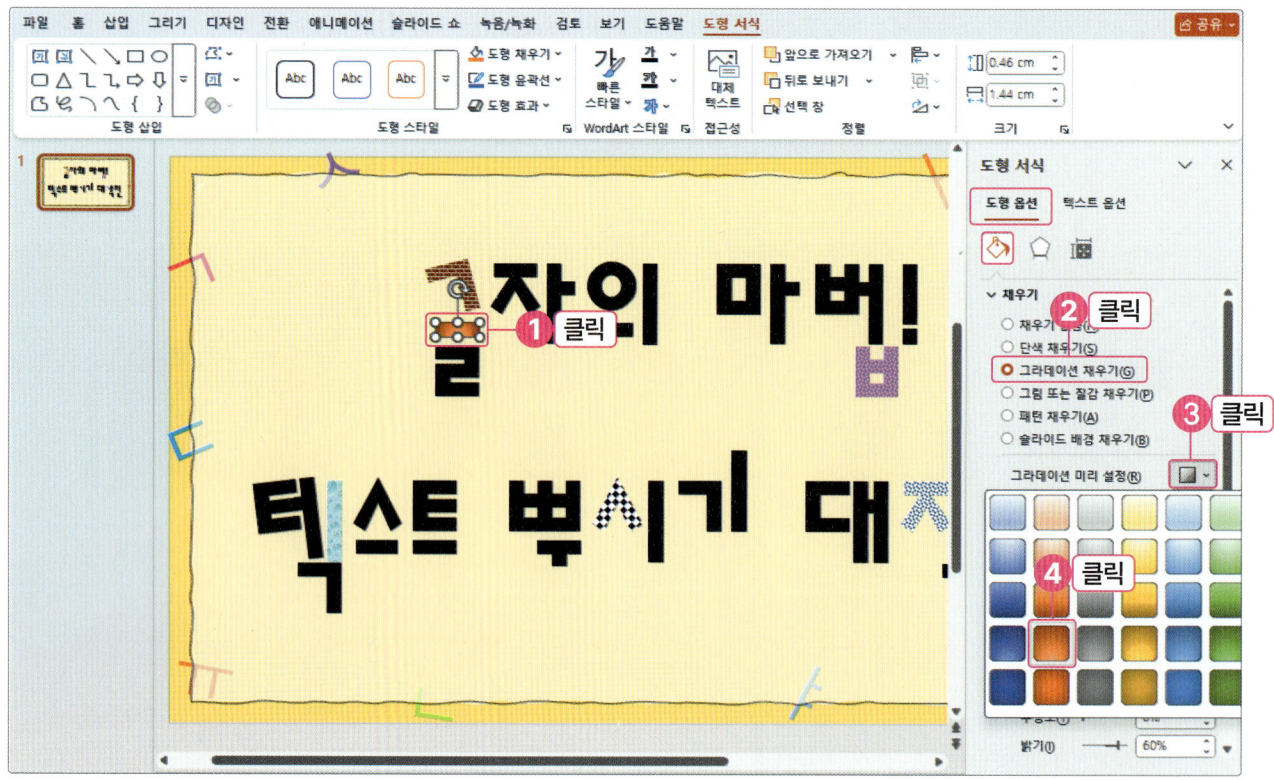

❺ 남은 글자 도형도 [도형 채우기]를 클릭한 후 다양한 색으로 변경해요.

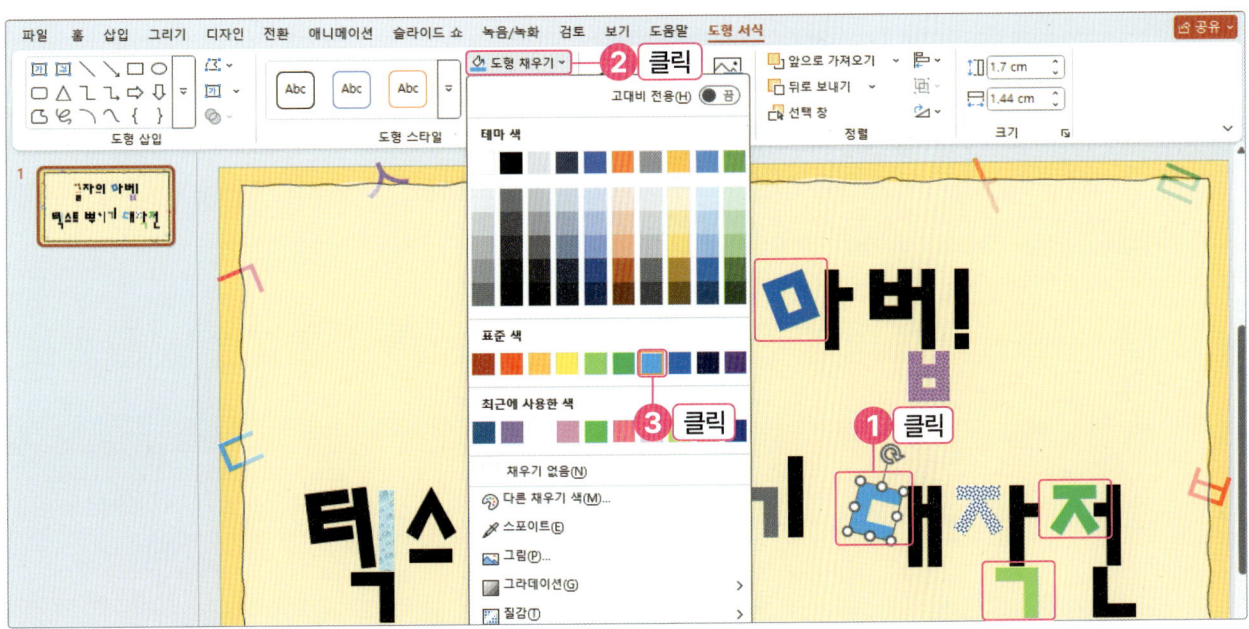

❻ [삽입] 탭-[일러스트레이션] 그룹에서 [아이콘]을 클릭한 후 검색할 이미지를 입력하고 삽입한 다음 원하는 색상으로 변경해요.

- 스톡 이미지 검색어 : "별", "번개", "표정"

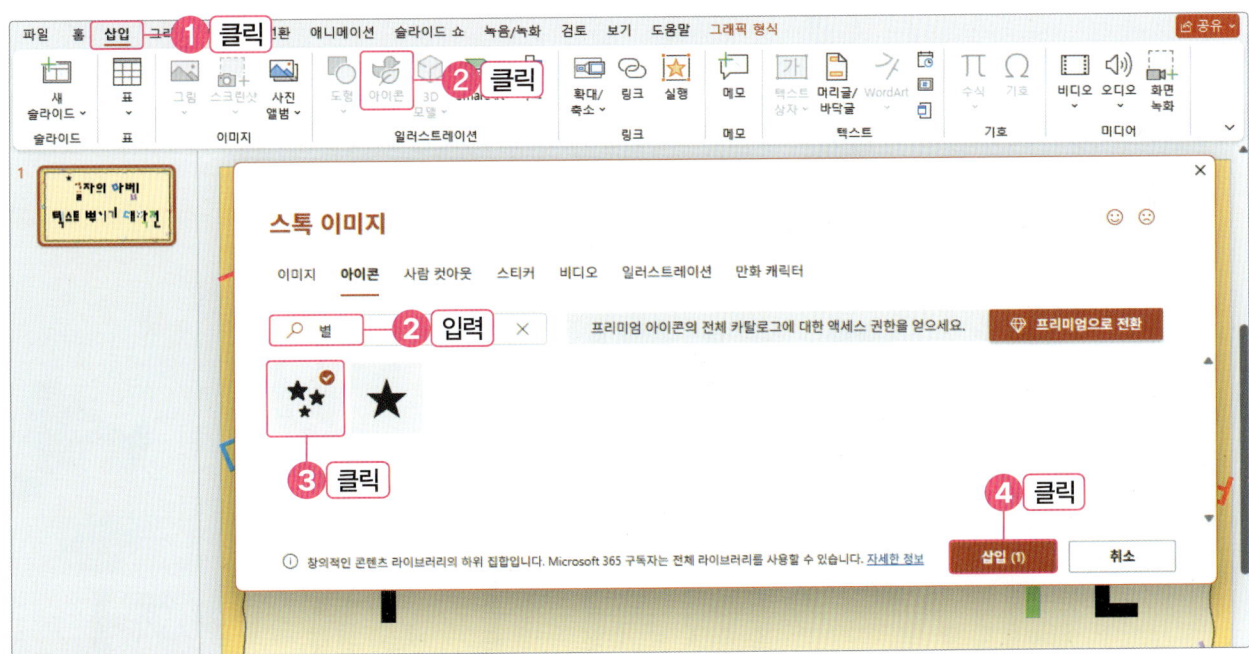

알고 넘어가요!

아이콘 그룹 해제하기

별(⭐)아이콘을 삽입한 후 [그룹화]-[그룹 해제] 하면 아이콘이 분리되어 각각 색을 변경할 수 있어요.

3 그림을 삽입하고 회전해요.

① [삽입] 탭-[이미지] 그룹에서 [그림]을 클릭한 후 [이 디바이스]를 클릭해요. [그림 삽입] 대화상자가 나타나면 [07차시]-[불러올 파일]-[마법사 이미지] 폴더에서 [마법사] 그림을 선택한 후 [삽입]을 클릭해요.

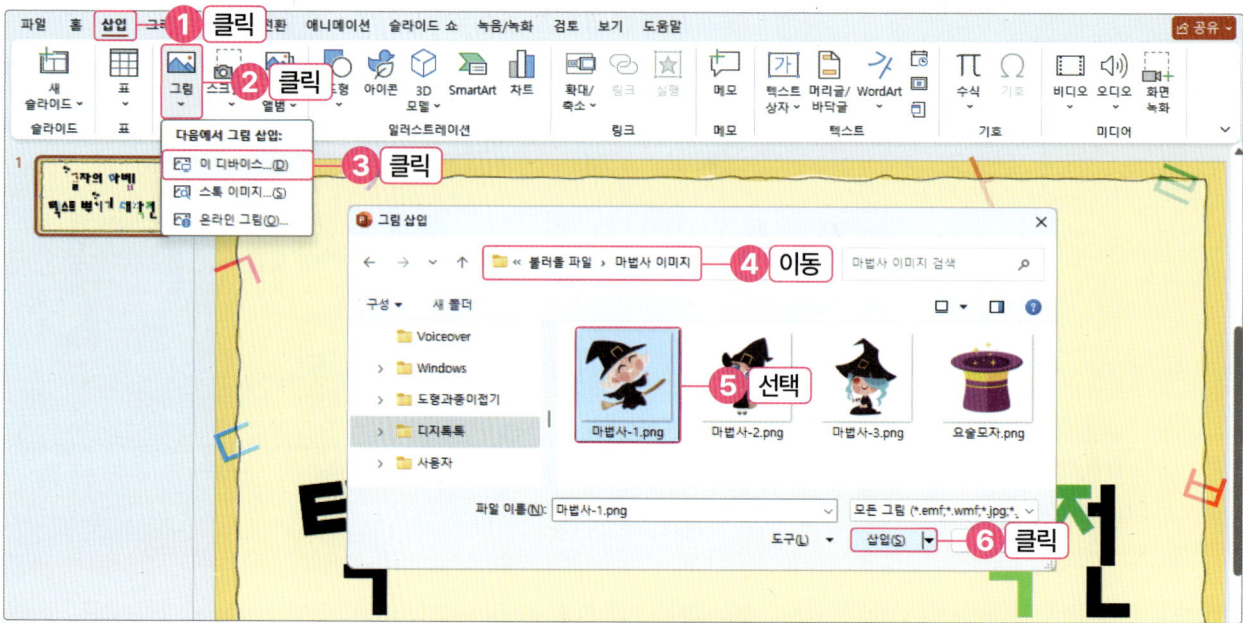

② 같은 방법으로 그림을 삽입하고 삽입한 그림은 원하는 위치로 이동한 후 회전과 크기를 조절해요.

CHAPTER 07 발표 천재로 가는 길!

톡톡 학습

01 길 잃은 토끼에게 당근을 찾아 주세요!

02 그림에 채워진 도형 채우기의 종류를 적어보아요.

🔨 힌트 단색 채우기, 그라데이션 채우기, 그림 또는 질감 채우기, 패턴 채우기

CHAPTER 08
AI, 똑똑한 로봇 친구와 만나보자!

학습 목표
- 글머리 기호를 적용할 수 있어요.
- 하이퍼링크를 적용해서 슬라이드 쇼를 실행할 수 있어요.

미리 보기 이렇게 만들어 보아요

■ 불러올 파일 : AI.pptx   ■ 완성된 파일 : AI_완성.pptx

① 글머리 기호 설정 : [홈] 탭 → [글머리 기호 목록]을 클릭해요.

② 하이퍼링크 설정 : [삽입] 탭 → [하이퍼링크] → [다음 슬라이드]로 연결해요.

▶ 호기심 쳇 GPT

AI(인공지능)는 컴퓨터가 사람처럼 생각하고 배우는 기술이에요.
우리가 사용하는 스마트폰, 게임, 로봇, 차 등 많은 것들이 AI 덕분에 더 똑똑하게 작동하고 있어요!

1 텍스트 상자에 글을 입력하고 서식을 변경해요.

① [08차시]-[불러올 파일] 폴더에서 [AI.pptx] 파일을 실행해요. 이어서 2번 슬라이드의 제목(목차)을 입력한 후 제목과 내용의 글꼴 서식을 수정해요.

- 제목 : 글꼴(휴먼둥근헤드라인)
- 내용 : 글꼴(휴먼엑스포)

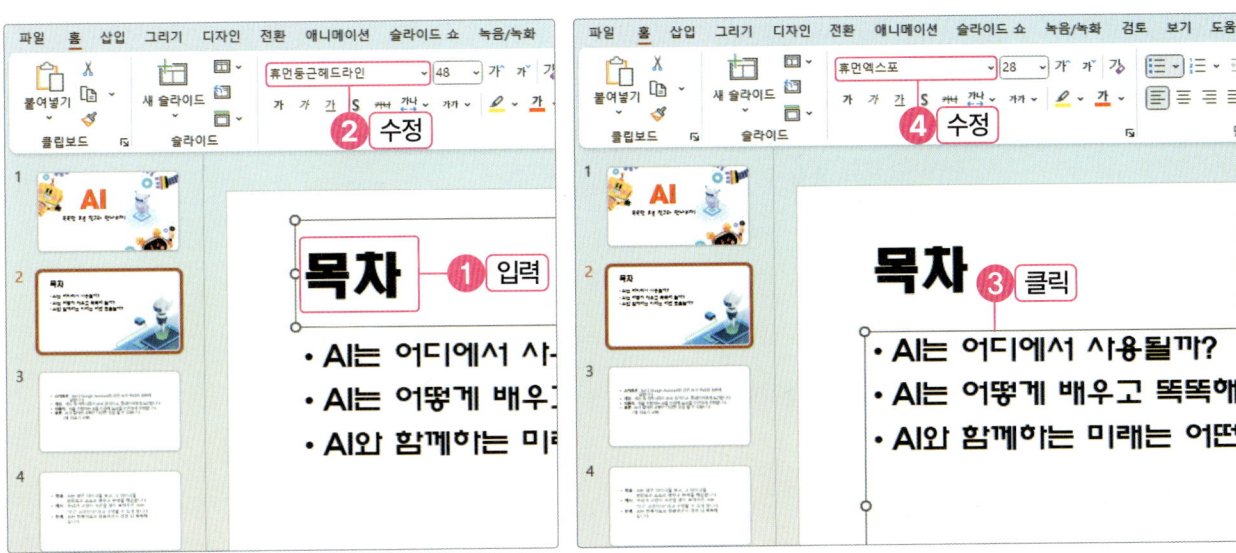

② 같은 방법으로 3~5 슬라이드의 제목 입력 후 제목 및 내용의 글꼴 서식을 수정해요.

◀ 슬라이드 3
제목(휴먼둥근헤드라인), 내용(휴먼엑스포)

슬라이드 4 ▶
제목(휴먼둥근헤드라인), 내용(휴먼엑스포)

◀ 슬라이드 5
제목(휴먼둥근헤드라인), 내용(휴먼엑스포)

 ## 줄 간격과 글머리 기호를 변경해요.

① 2번 슬라이드의 내용 개체를 선택 후 [홈] 탭-[단락] 그룹에서 줄간격( ) 목록 단추를 클릭한 다음 줄 간격(1.5)을 클릭해요. 같은 방법으로 3~6번 슬라이의 내용에 줄 간격(1.5)을 수정해요.

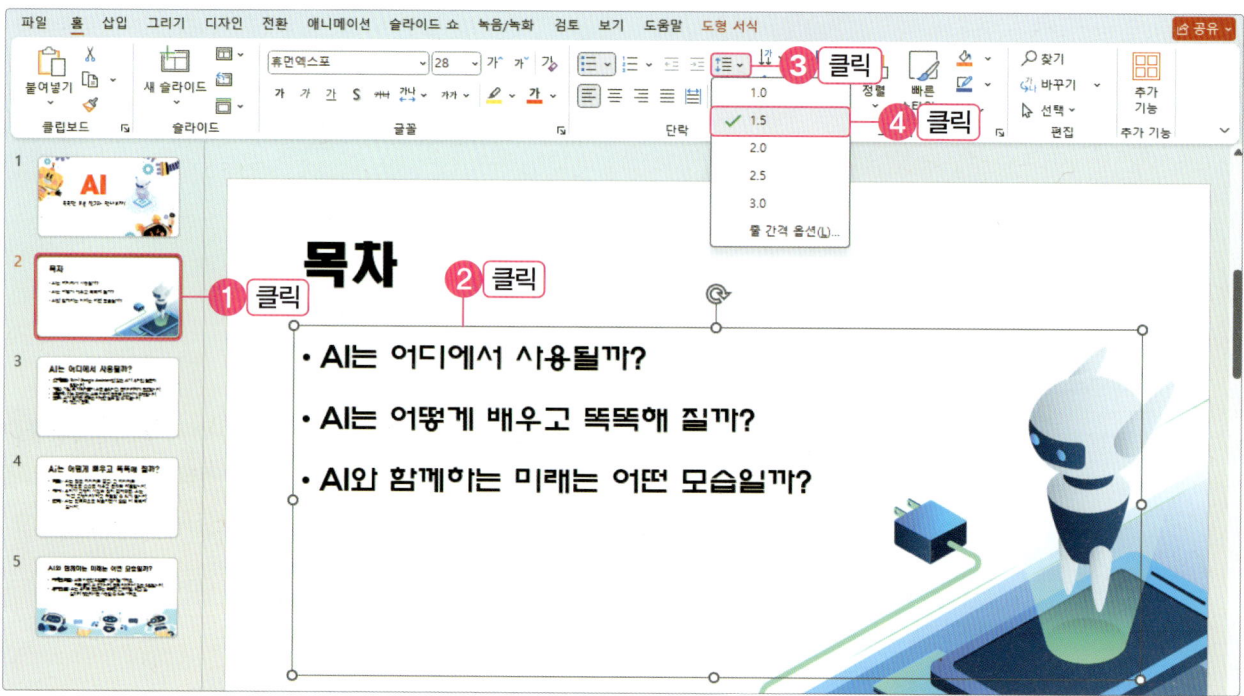

② 글머리 기호 변경을 위해 [홈] 탭-[단락] 그룹에서 번호 매기기( )의 목록 단추를 클릭한 후 [1. 2. 3.]을 클릭해요.

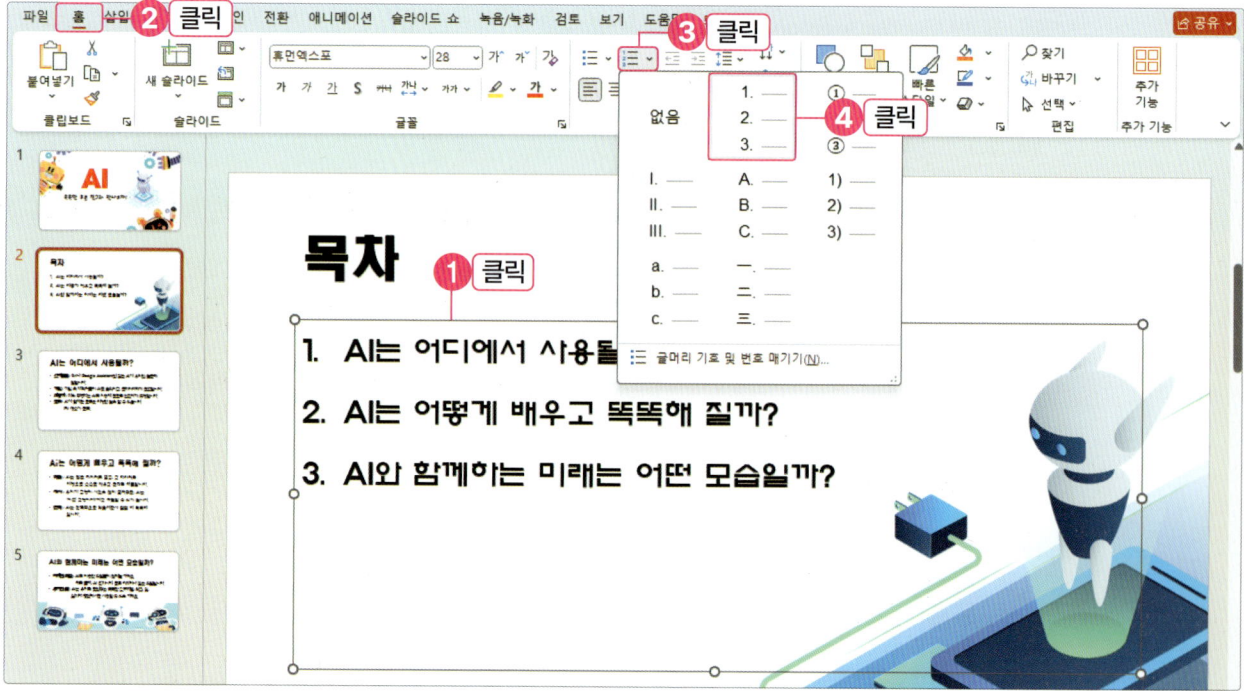

3 이미지를 삽입한 후 하이퍼링크를 설정해요.

① 각 슬라이드에 버튼 그림을 삽입하기 위해 [삽입] 탭-[이미지] 그룹에서 [이 디바이스..]를 클릭한 후 [그림 삽입] 대화상자에서 이미지를 선택한 다음 [삽입]를 클릭해요.

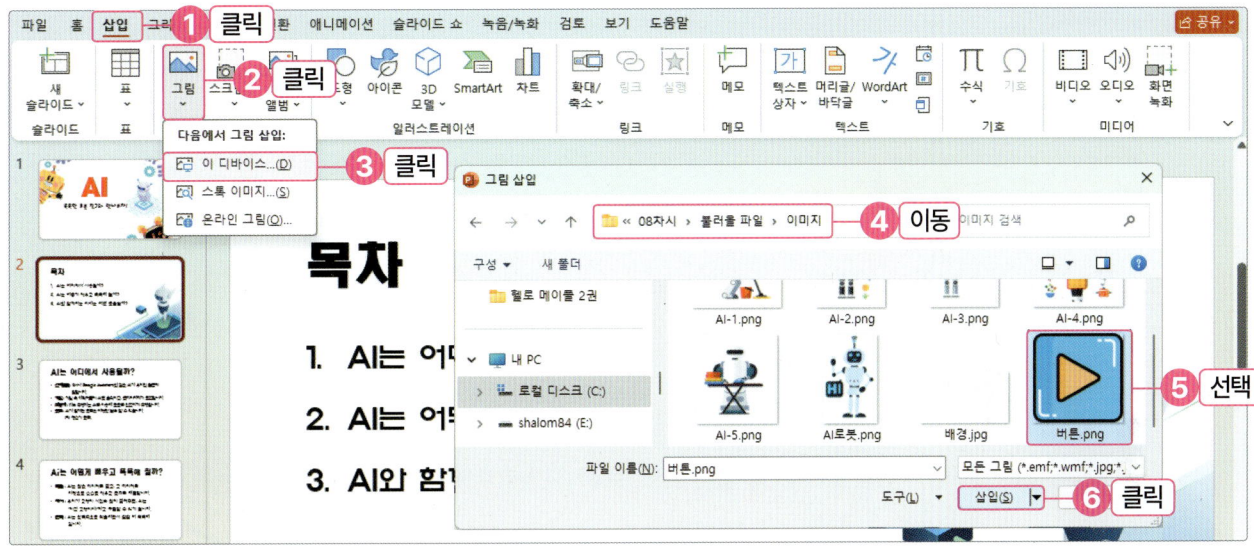

② 삽입한 그림을 크기 조절 후 Ctrl+D를 눌러 이미지를 복제한 다음 [그림 서식] 탭-[정렬]-[회전]-[좌우 대칭]를 클릭해요. 같은 방법으로 모든 슬라이드에 버튼을 만들어요.

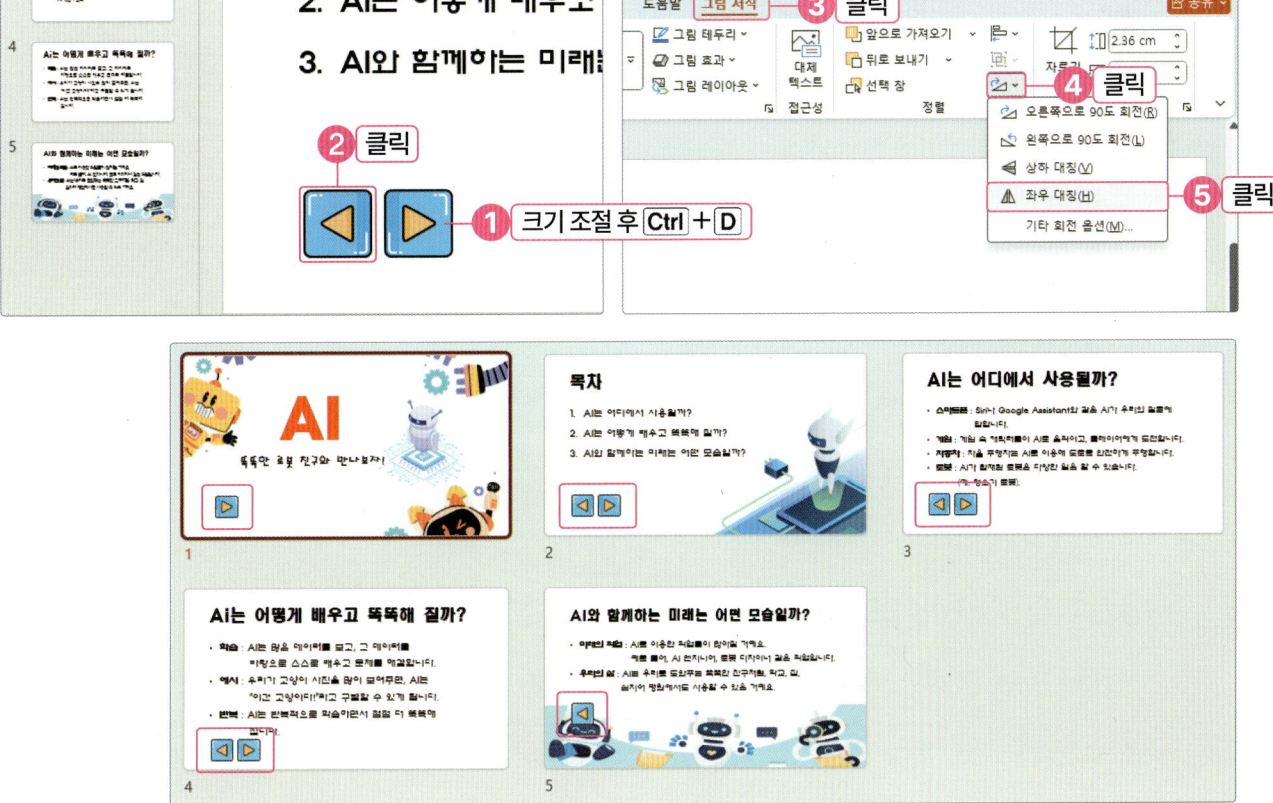

CHAPTER 08 AI, 똑똑한 로봇 친구와 만나보자! • 57

❸ 1번 슬라이드의 버튼 그림을 클릭한 후 [삽입] 탭-[링크] 그룹에서 [링크]를 클릭해요. [하이퍼 링크 삽입] 대화상자에서 연결 대상(현재 문서) 및 문서에서 위치 선택(슬라이드 제목-목차)을 선택한 다음 [확인]을 클릭해요.

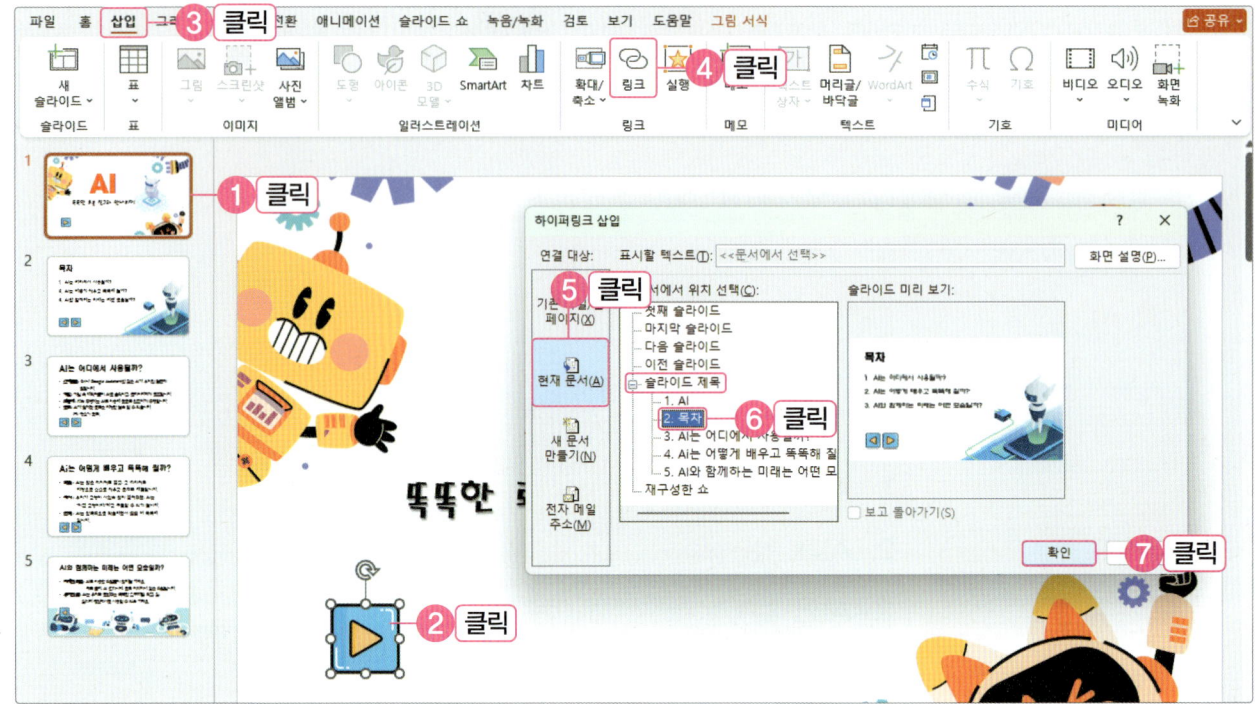

❹ 같은 방법으로 2~4번 슬라이드의 [버튼] 그림에 이동할 슬라이드를 하이퍼링크로 설정해요.

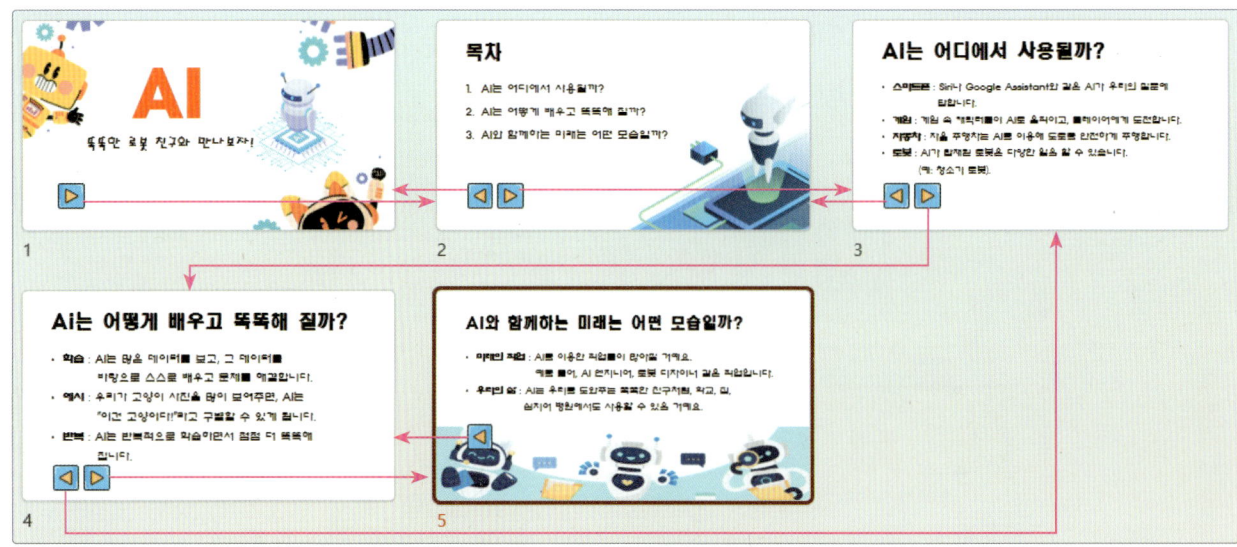

❺ 완성된 파일을 [슬라이드 쇼]-[처음부터]를 클릭해 실행해요.

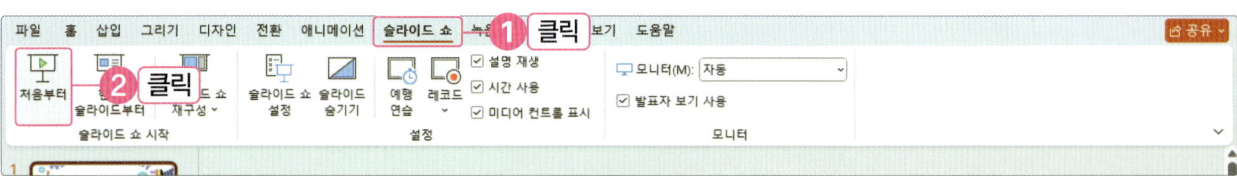

CHAPTER 08 발표 천재로 가는 길!

톡톡 학습

01 [두뇌게임] 나열된 도형의 배열 규칙을 생각한 후 마지막 칸에 들어갈 도형을 찾아 정답을 적어 주세요.

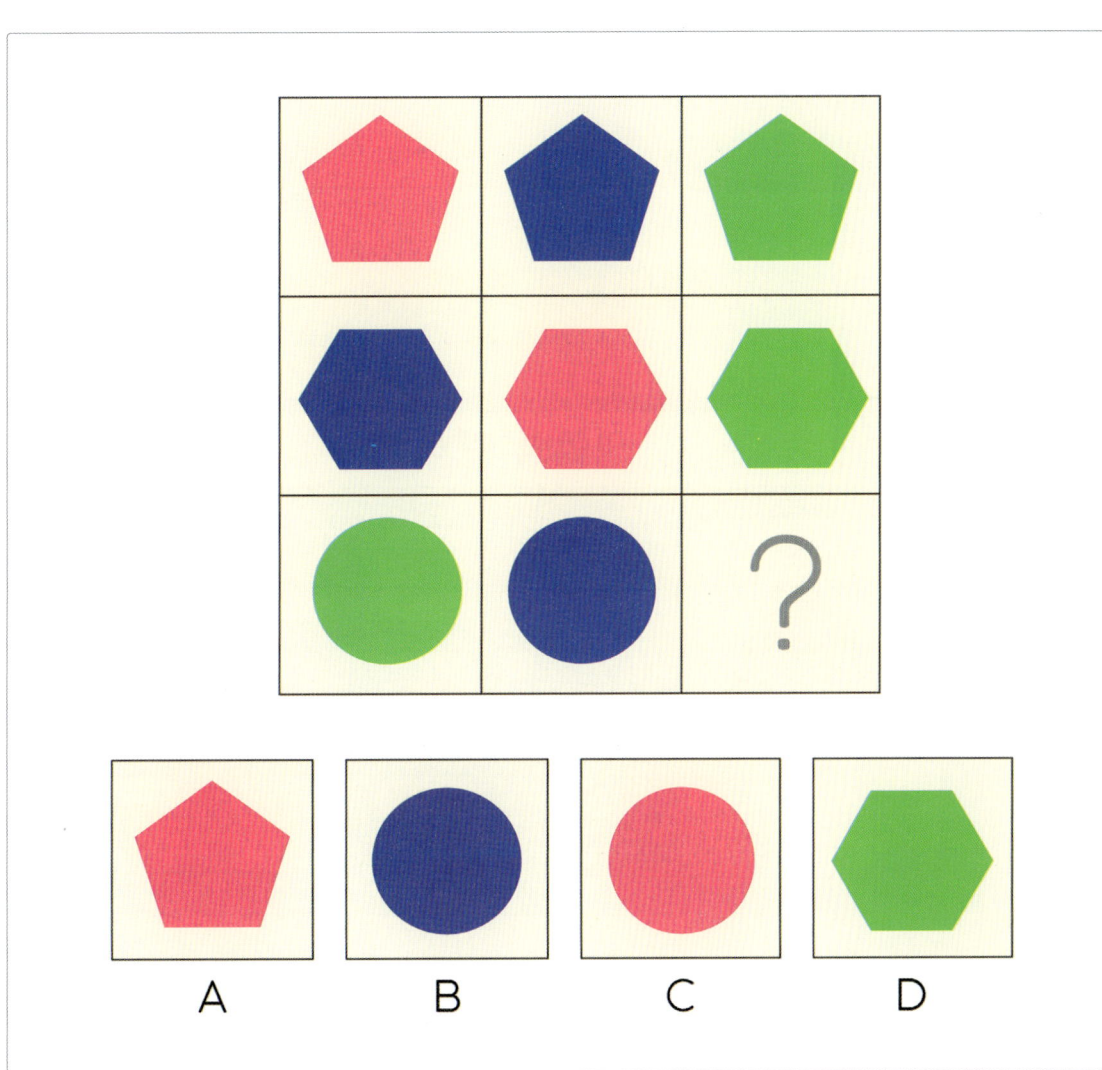

정답:

CHAPTER 09
알쏭달쏭~ 머리를 깨우는 기억력 테스트 ①

학습 목표
- 도형과 그림을 삽입할 수 있어요.
- 도형과 그림의 간격을 똑같이 정렬할 수 있어요.

 미리 보기　이렇게 만들어 보아요　📘 불러올 파일 : 기억력 테스트-1.pptx　📗 완성된 파일 : 기억력 테스트-1_완성.pptx

① **정렬 맞춤** : [도형 서식] → [정렬] → [맞춤] → [위쪽 맞춤]과 [가로 간격 동일하게]를 클릭해요.

② **복제** : 그림을 선택하고 Ctrl + D 로 복제해요.

▶ 호기심 쳇 GPT

기억력 테스트 게임의 장점 무엇이 있을까?
기억력 테스트 게임은 재미있게 기억력을 향상시키고 훈련할 수 있는 방법으로 이러한 게임은 인지 능력 향상, 스트레스 해소, 뇌의 유연성 증대, 장기적인 기억력 향상. 집중력 향상 등의 단순히 기억을 측정하는 것 이상의 장점이 있어요.

 **여러 개 도형의 위치를 정렬해요.**

❶ [09차시]-[불러올 파일] 폴더에서 [기억력 테스트-1.pptx] 파일을 실행해요.

❷ [삽입] 탭-[일러스트레이션] 그룹에서 [도형]-[사각형]-[사각형: 둥근 모서리]를 클릭한 후 드래그 해요. 이어서 [도형 서식] 탭-[크기] 그룹에서 도형 높이(13cm), 너비(10cm)의 크기를 입력해요.

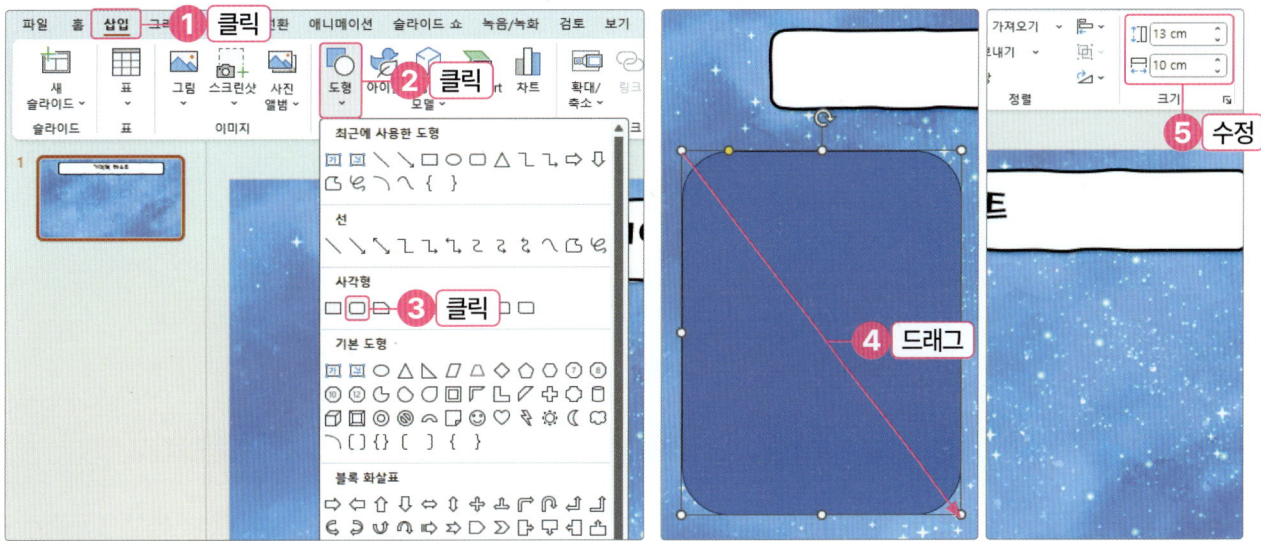

❸ 삽입한 도형의 도형 채우기(흰색), 도형 윤곽선(검정), 두께(3pt)를 선택해요.

CHAPTER **09** 알쏭달쏭~ 머리를 깨우는 기억력 테스트 ① • **61**

④ 삽입한 도형을 클릭한 후 Ctrl+D를 눌러 도형을 복제한 다음 도형의 높이(3.5cm), 너비(3.5cm)의 크기를 수정하고 2개 더 복제해요.

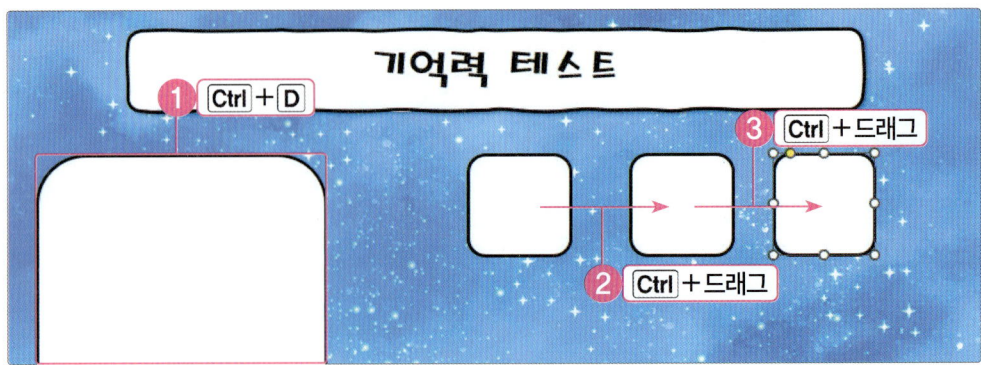

⑤ 복제한 도형을 모두 클릭하고 [도형 서식] 탭-[정렬] 그룹에서 [맞춤]을 클릭한 후 [가로 간격 동일하게]를 클릭한 다음 도형의 위치와 간격을 정렬해요.

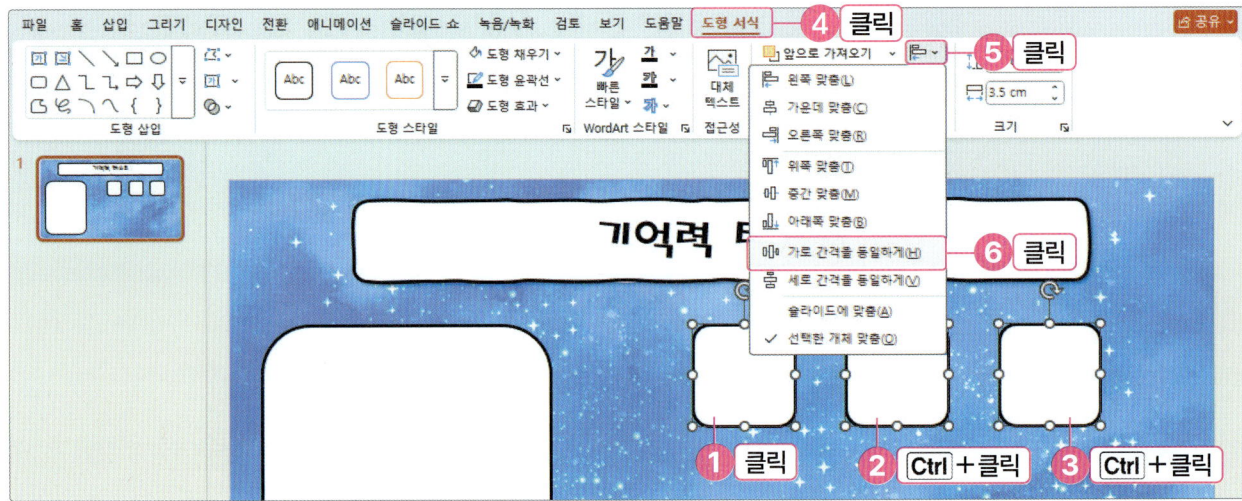

⑥ 가로 간격을 맞춘 도형을 Ctrl+Shift를 함께 눌러 아래로 드래그하며 복사해요.

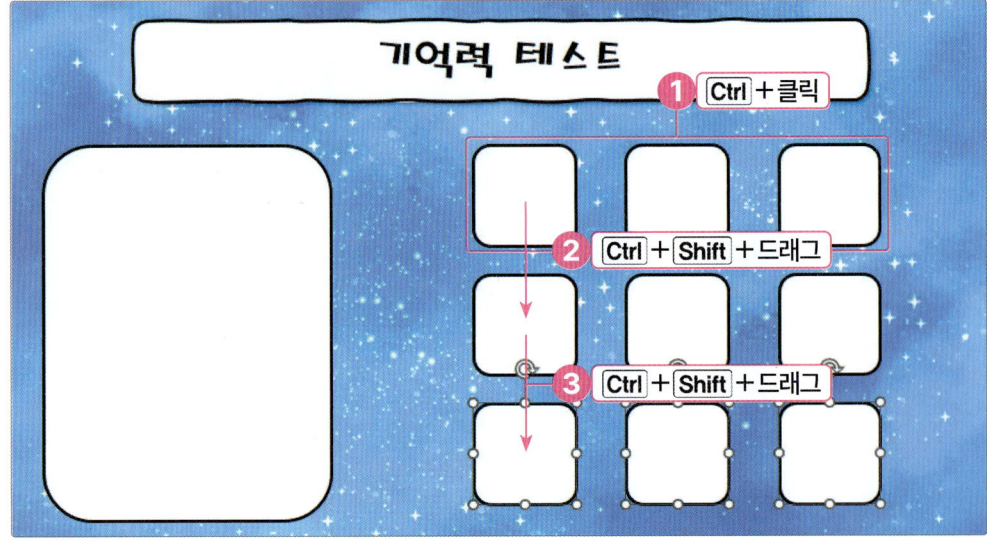

 **2 그림을 삽입해요.**

① [삽입] 탭-[이미지] 그룹-[그림]-[이 디바이스] 클릭한 후 [09차시]-[불러올 파일]-[이미지] 폴더의 모든 이미지를 삽입해요.

> **TiP**
> 이미지 선택할 때 Ctrl + A 를 누르면 폴더 안에 모든 그림을 선택할 수 있어요.

② 남자 아이 그림을 제외한 문제 그림은 [그림 서식] 탭-[크기] 그룹에서 높이(3cm)를 입력하여 크기를 수정하고 다음과 같이 슬라이드 및 도형 위에 배치해요.

> **TiP**
> 이미지의 복사는 Ctrl 을 누르고 드래그하면 복사할 수 있어요.

❸ 정답에 해당하는 버섯 그림을 복사한 후 다음과 같이 크기를 조절해요.

❹ [파일]-[다른 이름으로 저장]-[찾아보기] 클릭한 후 [다른 이름으로 저장] 대화상자가 나타나면 저장 위치를 지정한 후 '파일명'을 입력한 다음 [저장]을 클릭해요.

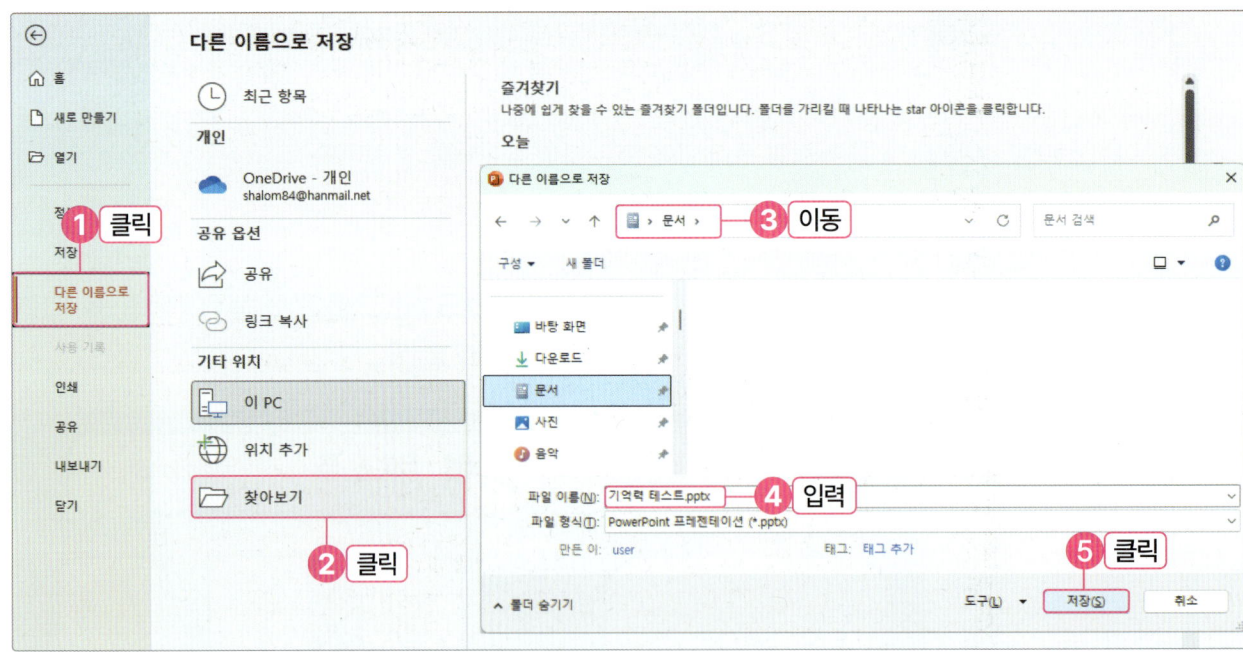

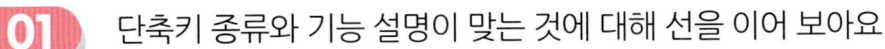

CHAPTER 09 발표 천재로 가는 길!
톡톡 학습

01 단축키 종류와 기능 설명이 맞는 것에 대해 선을 이어 보아요.

① Ctrl + A • • 복제

② Ctrl + Shift • • 수직/수평 복사

③ Ctrl + D • • 연속적인 개체 선택

④ Shift + 클릭 • • 모두 선택

02 다음 문제를 읽고 답을 찾아 번호를 적어보아요.

① 파워포인트에서 그림을 삽입하려면 어떤 버튼을 클릭해야 하나요?

 Ⓐ 삽입 > 그림
 Ⓑ 삽입 > 도형
 Ⓒ 삽입 > 텍스트 상자
 Ⓓ 디자인 > 배경

② 새로운 이름으로 파워포인트 파일을 저장하려면 무엇을 클릭해야 하나요?

 Ⓐ 파일 > 다른 이름으로 저장
 Ⓑ 삽입 > 파일 저장
 Ⓒ 디자인 > 파일 저장
 Ⓓ 보기 > 파일 저장

CHAPTER 10
알쏭달쏭~ 머리를 깨우는 기억력 테스트 ②

학습 목표
- 도형과 그림에 애니메이션 설정을 할 수 있어요.
- 애니메이션 순서를 변경할 수 있어요.

미리 보기 — 이렇게 만들어 보아요
■ 불러올 파일 : 기억력 테스트-2.pptx ■ 완성된 파일 : 기억력 테스트-2_완성.pptx

① **애니메이션 설정** : [애니메이션] 탭 → [애니메이션] 그룹 → [나타내기]-[회전]을 클릭해요.

② **도형 패턴** : [도형 서식] 탭 → [도형 서식(⬜)]-[채우기]-[패턴 채우기]-[넓은 눈금]을 클릭해요.

▶ 호기심 챗 GPT

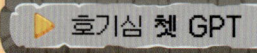

초등학생 두뇌개발 게임 종류

퍼즐 맞추기 게임(Puzzle Games) : 공간적 기억력과 논리적 사고를 키울 수 있어요.
스도쿠(Sudoku) : 수리적 사고력과 문제 해결 능력, 논리적 사고를 키울 수 있어요.
단어 찾기 게임(Word Search) : 집중력, 언어 능력, 단어 인식 능력을 키울 수 있어요.
스토리텔링 게임(Storytelling Games) 창의력과 언어 능력, 스토리텔링을 하면서 두뇌가 자극이 되어 기억력을 향상시킬 수 있어요.

1 도형과 그림에 애니메이션을 설정해요.

① [기억력 테스트-2.pptx] 파일을 열고 삽입된 문제의 9개 그림을 Shift 를 눌러 모두 클릭한 후 [애니메이션] 탭-[애니메이션] 그룹에서 [나타내기]-[회전]을 클릭해요.

② [모서리 둥근 사각형] 도형을 복사한 후 [도형 서식] 탭-[도형 스타일] 그룹의 작업 창 버튼( )을 클릭한 다음 [도형 서식]-[채우기]-[패턴 채우기]-[넓은 눈금]을 클릭해요.

❸ Ctrl+D를 눌러 도형을 복사한 후 그림 위로 겹쳐 놓아요.

❹ 복사한 도형을 선택한 후 Enter를 눌러 커서가 나타나면 내용을 입력하고 글꼴 서식을 변경해요.
- "정답" : 글꼴(휴먼 매직체), 크기(60pt), / "1,2,3…8,9" : 글꼴(휴먼 매직체), 크기(48pt)

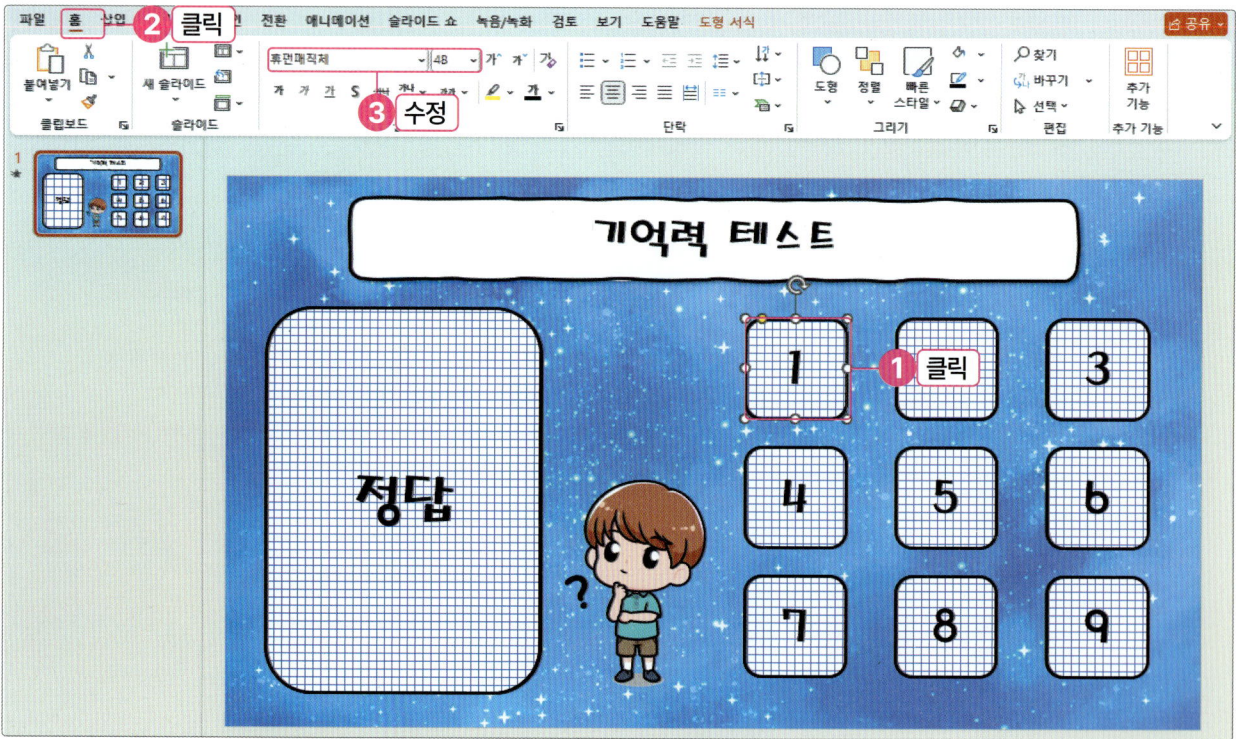

2 애니메이션 옵션 변경과 순서를 변경해요.

① 숫자가 입력된 도형을 모두 선택한 후 [애니메이션] 탭-[애니메이션] 그룹에서 [끝내기]-[나누기]를 클릭한 다음 [효과 옵션]-[세로 안쪽으로]를 클릭해요.

② [애니메이션] 탭-[고급 애니메이션] 그룹에서 [애니메이션 창]를 클릭해요. [애니메이션 창]에서 [사각형:둥근 모서리]의 끝내기 효과를 모두 선택한 후 애니메이션 순서를 맨 위로 드래그해요.

❸ [고급 애니메이션] 그룹에서 [애니메이션 추가]를 클릭한 후 [나타내기]-[나누기]를 클릭한 다음 [효과 옵션]-[세로 바깥쪽으로]를 클릭해요.

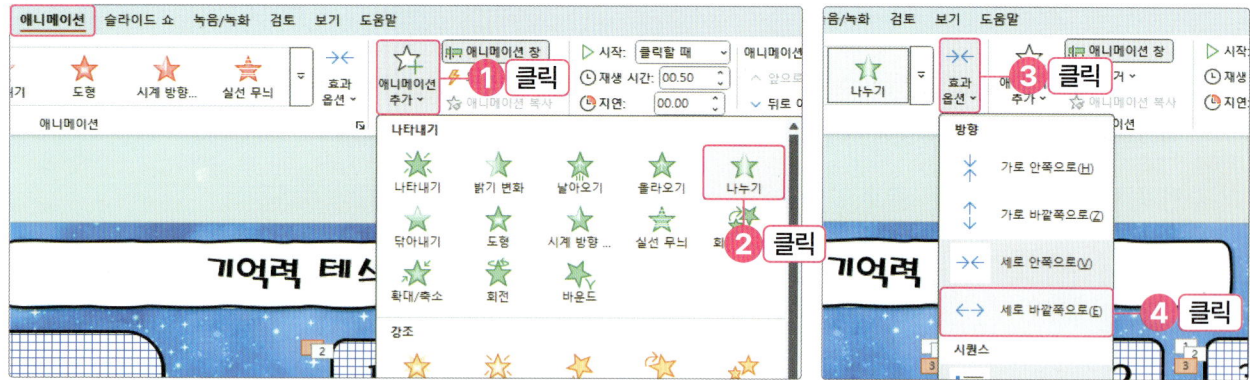

❹ "정답" 텍스트가 입력된 도형을 클릭한 후 [애니메이션] 탭-[애니메이션] 그룹에서 [끝내기]-[닦아내기]를 클릭한 다음 [효과 옵션]-[오른쪽에서]를 클릭해요.

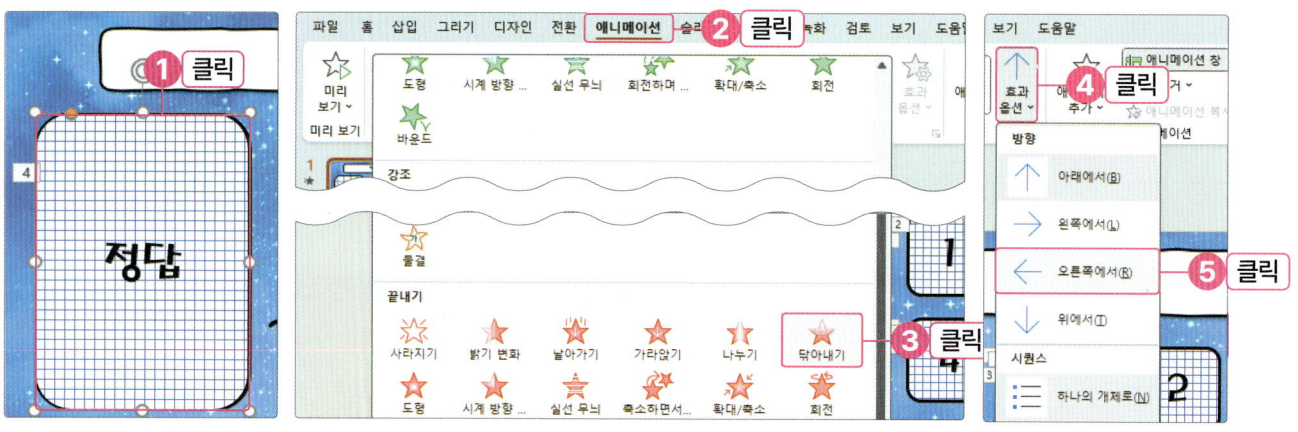

❺ 정답 도형을 옆으로 이동한 후 버섯 그림을 클릭한 다음 [애니메이션] 탭-[애니메이션] 그룹에서 [강조]-[흔들기]를 클릭해요. 이어서 정답 도형으로 버섯 그림을 숨겨요.

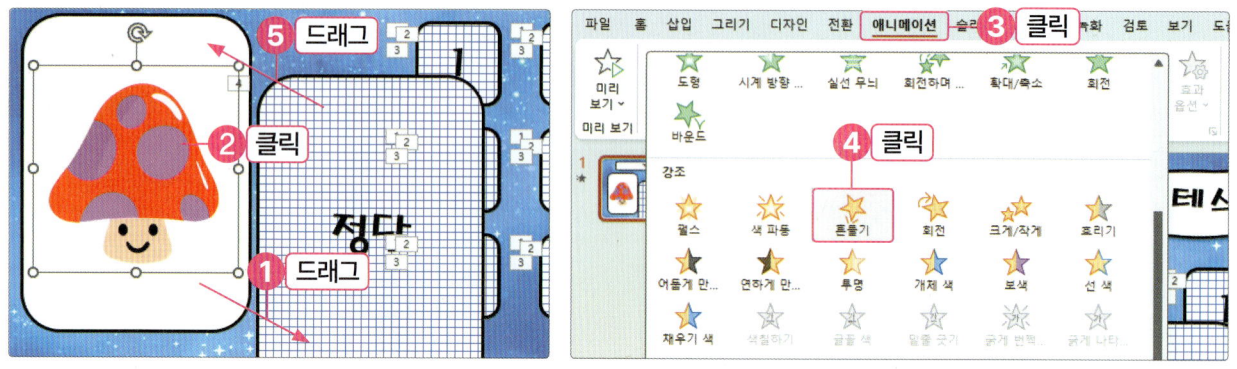

❻ F5 를 눌러 슬라이드 쇼를 실행한 후 마우스 클릭으로 애니메이션 효과를 확인해요. 슬라이드 쇼를 끝내려면 Esc 를 눌러요.

CHAPTER 10 발표 천재로 가는 길!

톡톡 학습

01 슬라이드에 정답 표시 도형을 삽입할 수 있어요.

■ 불러올 파일 : 기억력 테스트.pptx   ■ 완성된 파일 : 기억력 테스트_완성.pptx

[작성 조건]
- 도형 : [삽입] 탭-[도형]-[별 및 현수막]-[폭발 8pt]
- 도형 스타일 : [세이프 형식] 탭-[도형스타일]-[강한 효과-황금색, 강조 4]
  [도형 윤곽선] 색(검정), 두께(3pt)
- 내용 : "정답은?" 글꼴(휴먼둥근헤드라인), 글꼴 색(검정), 글꼴 크기(48),
  "3번" 글꼴(휴먼둥근헤드라인), 글꼴 색(빨강), 글꼴 크기(60)
- 애니메이션 설정 : [애니메이션] 탭 -[애니메이션]-[나타내기]-[확대/축소]

CHAPTER 11
크게~크게! 돋보기로 보는 큰 세상!

학습 목표
- 그림과 도형을 교차해서 필요한 부분만 사용할 수 있어요.
- 모핑 기능으로 재미있는 문서를 만들 수 있어요.

🏆 **미리 보기** 이렇게 만들어 보아요   📁 불러올 파일 : 돋보기.pptx   📗 완성된 파일 : 돋보기_완성.pptx

① **모핑 기능** : [전환] 탭 → [슬라이드 화면 전환] 그룹 → [모핑]을 클릭해요.

② **도형 병합** : [도형 삽입] → [도형 병합] → [교차(◉)]를 클릭해요.

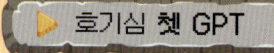 호기심 쳇 GPT

모핑(Morphing)이란?
파워포인트에서 그림이나 텍스트 등이 다른 모양이나 크기로 바뀌는 효과로 한 슬라이드에서 동그란 공이 점점 커져서 네모난 상자로 바뀌는 것처럼, 물체나 글자가 부드럽게 변하는 것을 보여주는 거예요. 모핑을 사용하면 슬라이드가 바뀔 때 물건들이 움직이거나 변하는 것처럼 보이게 되어 발표할 때 더 멋지고 재미있게 보일 수 있어요.

72 • 발표천재 파워포인트 2021

1 그림과 도형을 교차해요.

① [돋보기.pptx] 파일을 열고 1번 슬라이드에서 [삽입] 탭에서 [도형]-[기본도형]-[타원]을 클릭 후 드래그해요. [도형 서식] 탭-[크기] 그룹에서 도형의 높이와 너비 크기를 수정해요.

• 도형 높이 : 3cm, 도형 너비 : 3cm

② 제목 글자 위치로 그림과 같이 도형을 이동시킨 후 배경 그림을 클릭한 다음 Ctrl 을 누른 상태에서 타원 도형을 같이 클릭해요.

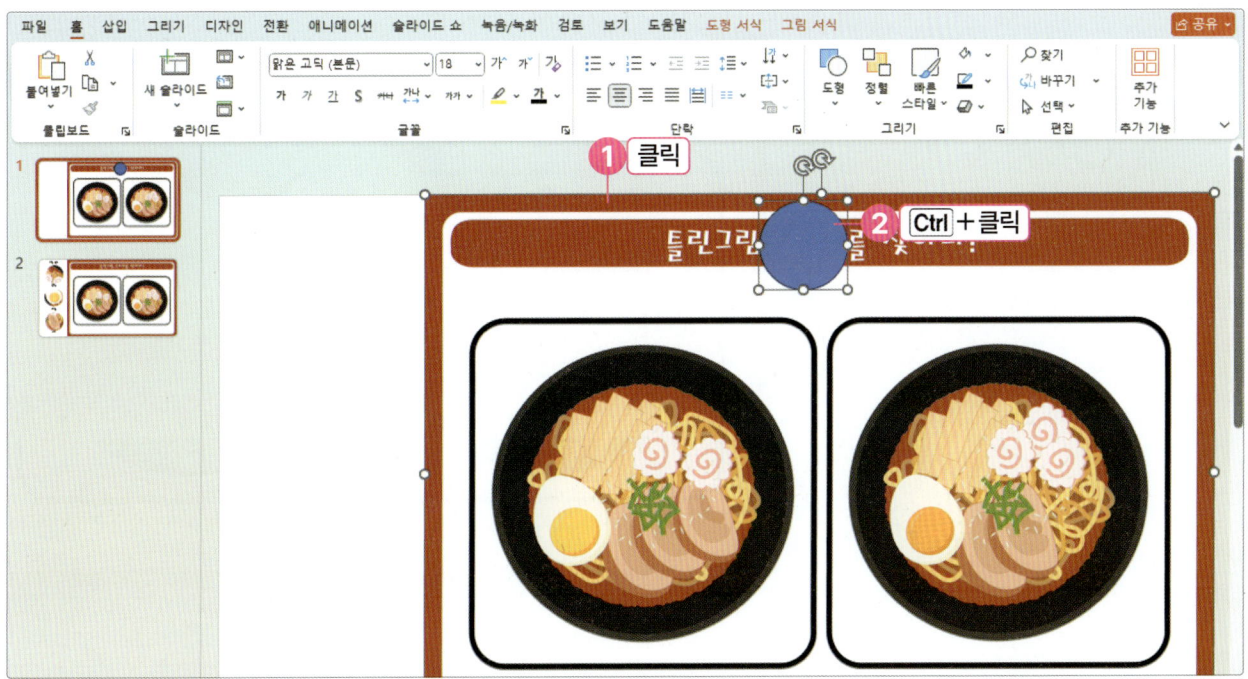

CHAPTER 11 크게~크게! 돋보기로 보는 큰 세상! • 73

③ [도형 서식] 탭-[도형 삽입] 그룹에서 [도형 병합(◎)]-[교차(◎)]를 클릭해요.

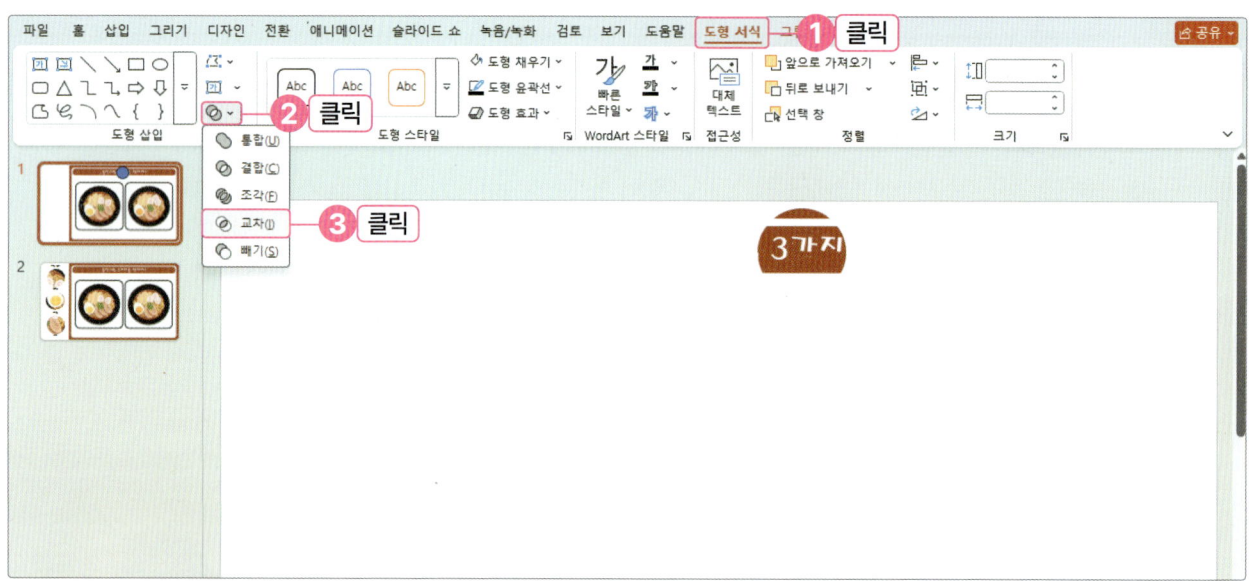

> **알고 넘어가요!**
>
> **교차 기능은 개체를 클릭하는 순서가 중요해요.**
>
> 이미지->도형 순서로 클릭해야 선택된 도형에 겹친 부분만 남게 되고, 겹치지 않은 부분은 모두 삭제돼요. 도형이 서로 겹치지 않으면 아무것도 남지 않아요.

④ 2번 슬라이드를 클릭한 후 [삽입]-[그림]-[이 디바이스]를 클릭한 다음 [돋보기] 그림을 삽입해요.

❺ [돋보기] 그림을 클릭한 후 [그림 서식] 탭-[크기] 그룹에서 크기를 수정한 다음 제목 텍스트 위치로 돋보기 그림을 이동해요.

- 높이 : 10.5cm, 너비 : 10.5cm

❻ 1번 슬라이드에서 병합한 도형을 잘라내기(Ctrl+X)한 후 2번 슬라이드에 붙여넣기(Ctrl+V)를 눌러요. [그림 서식] 탭-[크기] 그룹에서 도형의 크기를 조절한 후 [돋보기] 그림 위로 이동해요.

- 도형 높이 : 4.5cm, 도형 너비 : 4.5cm

Tip 도형이나, 그림을 조금씩 움직이고 싶을 때는 방향키를 이용하면 쉽게 할 수 있어요.

7 슬라이드 보기 창에서 2번 슬라이드를 복제(Ctrl+D) 한 후 돋보기 그림을 이동한 다음 필요 없는 도형 및 1번 슬라이드를 삭제해요.

8 2번 슬라이드를 클릭한 후 정답 그림 중 [맛살] 그림을 돋보기 위치로 이동시킨 뒤 [그림 서식]-[정렬]-[앞으로 가져오기]를 클릭해요.

⑨ 2번 슬라이드를 복제한 후 3번 슬라이드에서 이전 맛살 그림을 삭제해요. 이어서 [계란] 그림과 [돋보기] 그림을 겹치고 [홈] 탭-[그리기] 그룹에서 [정렬]-[앞으로 가져오기]를 클릭해요.

⑩ 같은 방법으로 3번슬라이드를 복제한 후 4번 슬라이드에서 고기 그림을 이동한 후 정렬해요.

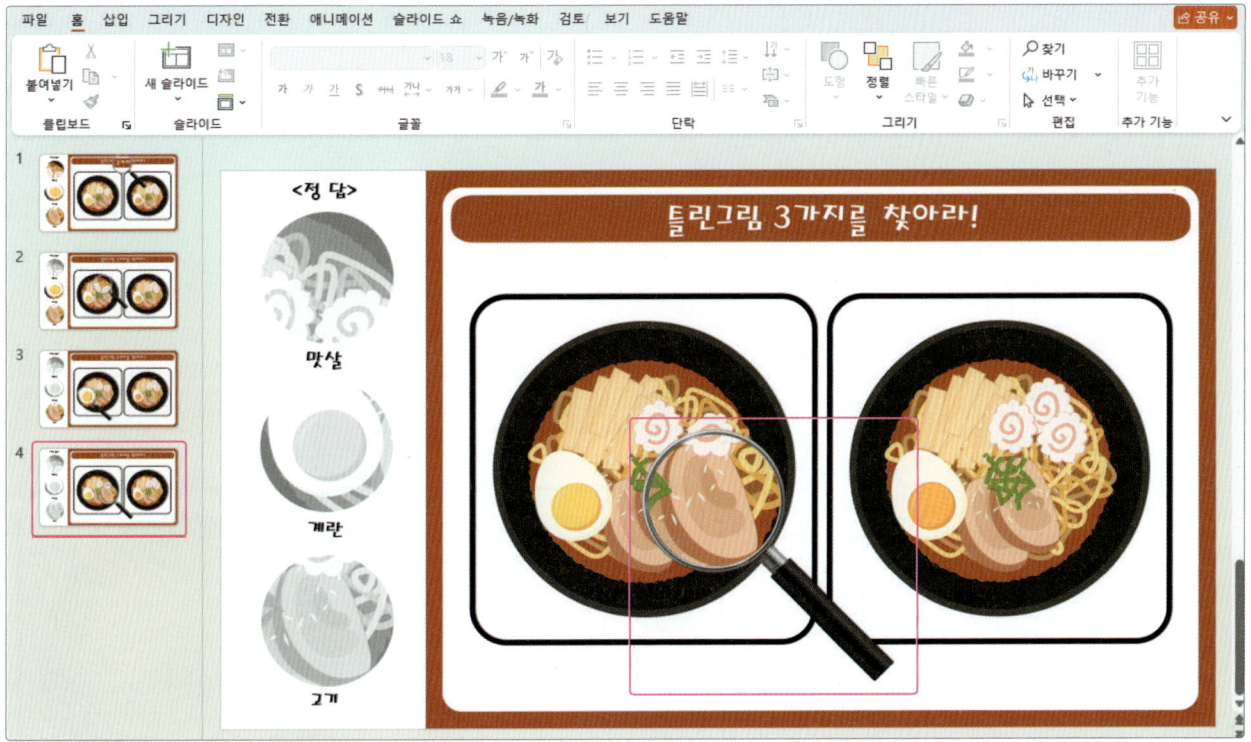

 ## 슬라이드에 모핑을 설정해요.

① 2번 슬라이드를 클릭한 후 Shift 를 누른 상태에서 4번 슬라이드를 클릭하여 3개의 슬라이드를 선택한 다음 [전환] 탭-[슬라이드 화면 전환] 그룹에서 [모핑]을 클릭해요.

TIP 모핑 효과가 적용되면 슬라이드 번호 아래 별(★) 모양이 표시돼요.

② 모든 슬라이드를 선택한 후 [전환] 탭-[타이밍] 그룹에서 [다음 시간 후]를 체크한 다음 시간(00:02:00)을 설정해요. 이어서 F5 를 눌러 슬라이드 쇼를 실행하여 모핑 효과를 확인해요.

CHAPTER 11 발표 천재로 가는 길!

톡톡 학습

01 나열된 그림의 반쪽을 찾아 선으로 연결해요.

02 파워포인트에서 그림이나 텍스트 등이 다른 모양이나 크기로 바뀌는 효과로 한 슬라이드에서 동그란 공이 점점 커져서 네모난 상자로 바뀌는 것처럼, 물체나 글자가 부드럽게 변하는 것을 보여주는 전환 효과는 무엇일까요?

① 닦아내기 ② 깜빡이기 ③ 갤러리 ④ 모핑

CHAPTER 12
친구들 사이에서 인기 있는 MBTI는?

학습 목표
- 슬라이드 레이아웃을 변경할 수 있어요.
- SmartArt를 삽입하고 서식을 변경할 수 있어요.

🏆 **미리 보기** 이렇게 만들어 보아요

📁 완성된 파일 : MBTI_완성.pptx

① 레이아웃 변경 : [홈] → [슬라이드] → 레이아웃(▣)의 [콘텐츠 2개]를 클릭해요.

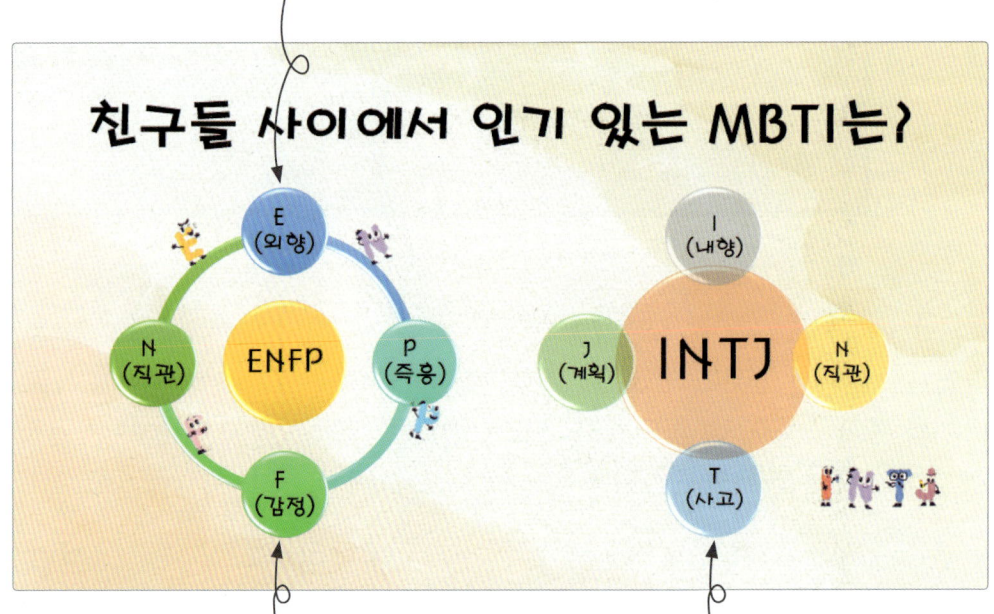

② SmartArt 삽입 : 콘텐츠 창 → SmartArt(▣) 삽입 → [SmartArt 스타일]을 선택해요.

▶ 호기심 쳇 GPT

MBTI란?
MBTI는 미국의 심리학자들이 만든 "성격 유형 검사"로 사람들의 행동 패턴을 네 가지 기준으로 나눠서 알려주는 재미있는 심리 테스트에요. 우리가 어떤 특징을 가지고 있는지 알게 도와줘서 사람들은 모두 다르게 생각하고 행동하지만 MBTI로 다름을 이해하고 친구랑 더 잘 지낼 수 있게 도와주는 멋진 도구가 될 수 있어요.

 # 슬라이드 레이아웃을 변경할 수 있어요.

① 파워포인트를 실행한 후 [새 프레젠테이션]을 클릭한 다음 [홈] 탭-[슬라이드] 그룹에서 [레이아웃(▣)]-[콘텐츠 2개]를 클릭해요.

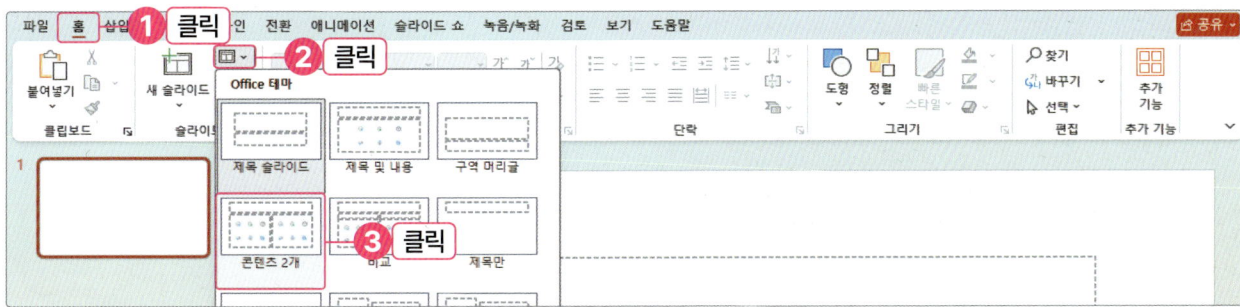

② 빈 공간의 마우스 오른쪽을 클릭한 후 바로 가기 메뉴의 [배경 서식]을 클릭한 다음 [채우기]-[그림 또는 질감 채우기]를 선택하고 [삽입]을 클릭해요. [그림 삽입] 대화상자에서 [파일에서]-[12차시]-[불러올 파일]-[이미지]-[질감 배경] 그림을 삽입해요.

③ 슬라이드에 제목을 입력하고 서식을 변경해요.
- 글꼴(HY엽서M), 글꼴 크기(50), 가운데 맞춤, 진하게

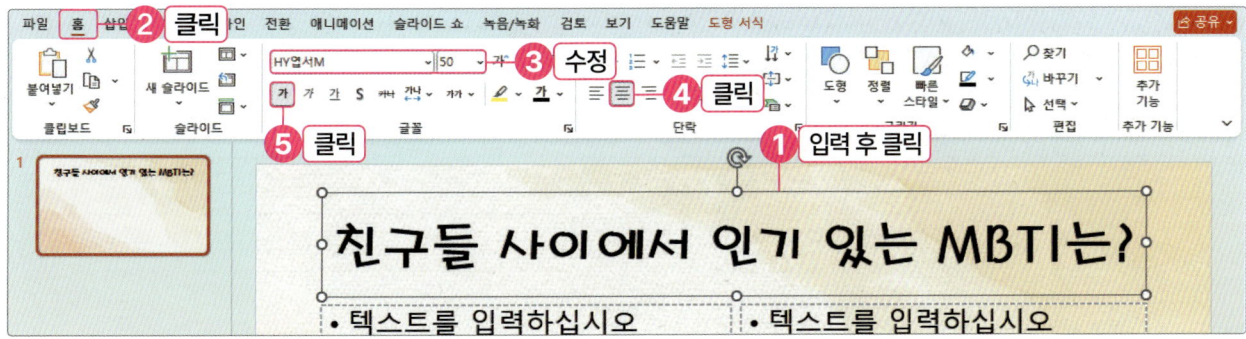

2 SmartArt를 삽입하고 서식을 변경해요.

❶ 콘텐츠 창에서 SmartArt 그래픽 삽입( ) 아이콘을 클릭한 후 목록에서 [주기형]-[방사 주기형( )]을 선택한 다음 [확인]을 클릭해요.

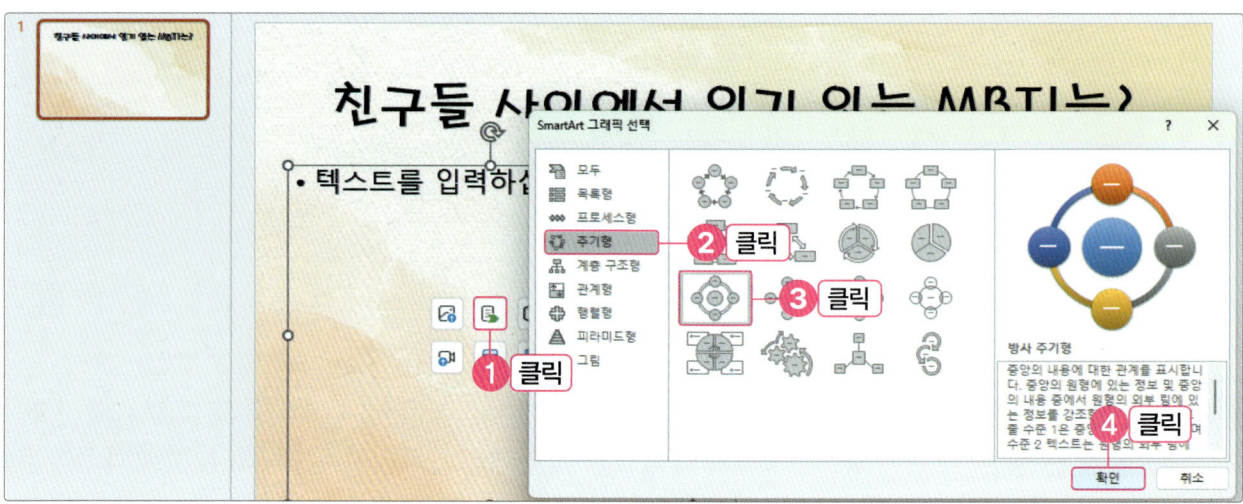

❷ 삽입한 SmartArt의 첫 번째 도형 안에 "E"를 입력한 후 Shift + Enter 로 줄 바꿈한 다음 "(외향)"을 입력해요. 같은 방법으로 아래 텍스트를 입력해요.
- E(외향), N(직관), F(감정), P(즉흥), ENFP

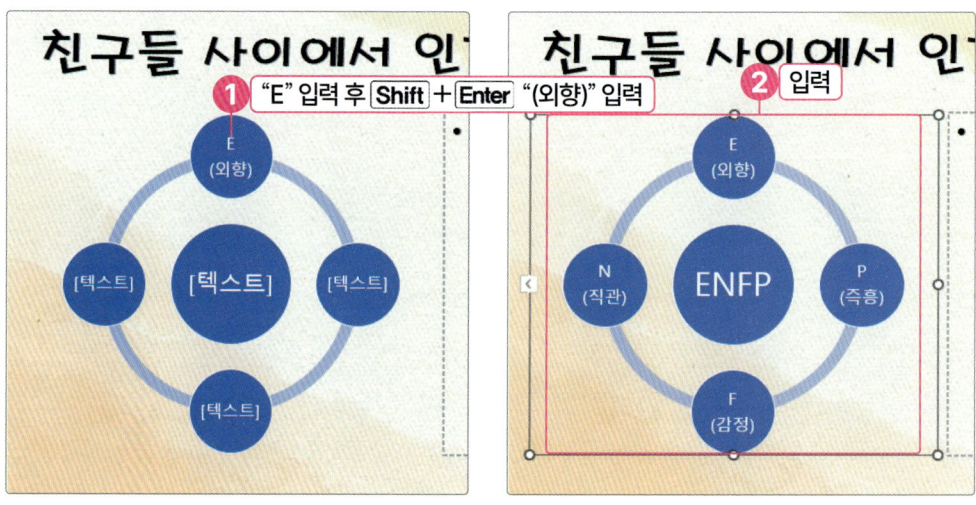

알고 넘어가요!

Enter 와 Shift + Enter 의 차이

Enter	새로운 단락을 시작할 때 사용	줄 간격 [보통 더 넓음]이 적용
Shift + Enter	같은 단락 안에서 줄을 바꾸고 싶을 때 사용	줄 간격 [보통 더 좁음]이 적용

❸ [SmartArt 디자인] 탭-[SmartArt 스타일] 그룹에서 [색 변경(🎨)]-[색상형-[색상형 범위 -강조색4 또는 5]를 클릭한 후 자세히(▾) 목록의 [3차원]-[광택 처리]를 클릭한 다음 글꼴 서식을 수정해요.
- 글꼴 : HY엽서M, 글꼴 색 : 테마색-검정, 텍스트 1

❹ 두 번째 콘텐츠 창에 "INTJ"를 입력한 후 Enter 를 눌러요. 이어서 "I"를 입력한 후 Shift + Enter 를 눌러 글머리 기호 없이 내용을 입력해요. 같은 방법으로 나머지 내용을 입력한 후 "I"부터 "(계획)"까지 드래그한 다음 Tab 을 눌러 들여쓰기해요.

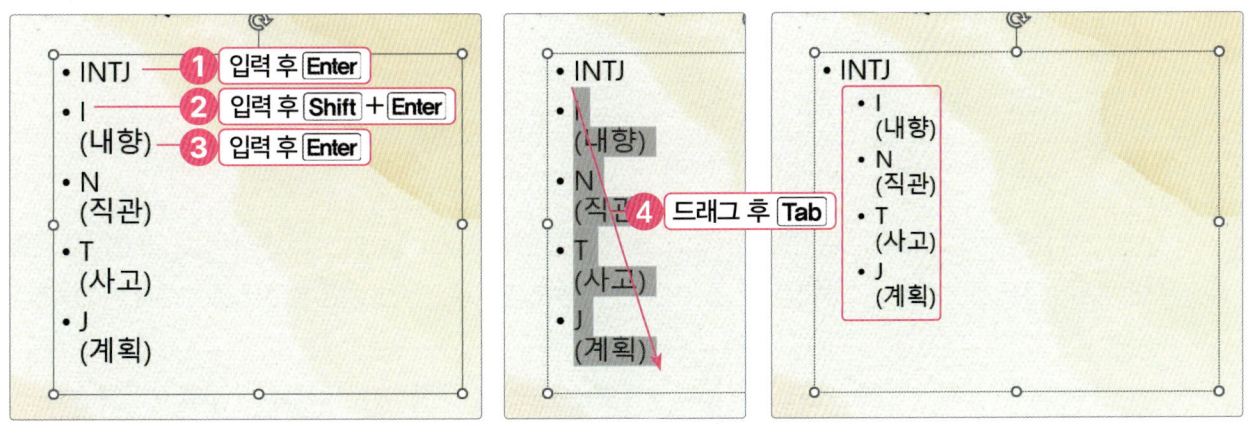

TIP
SmartArt 텍스트창
[SmartArt 디자인] 탭-[그래픽 만들기] 그룹에서 텍스트 창(▣)을 클릭한 후 변경할 수 있어요.

←	→	↑	↓
수준 올리기	수준 내리기	선택 영역을 -위로 이동	선택 영역을 아래로 이동

❺ 텍스트 상자를 클릭한 후 [홈] 탭-[단락]-[그래픽으로 변환(🖼)]-[기타 SmartArt 그래픽]을 클릭해요. 이어서 [SmartArt 그래픽 선택] 창이 나타나면 목록에서 [주기형-방사형 벤형]을 클릭한 다음 SmartArt 스타일을 변경해요.

• 색 변경-색상형-강조색, 3차원-광택 처리, 글꼴 : HY엽서M

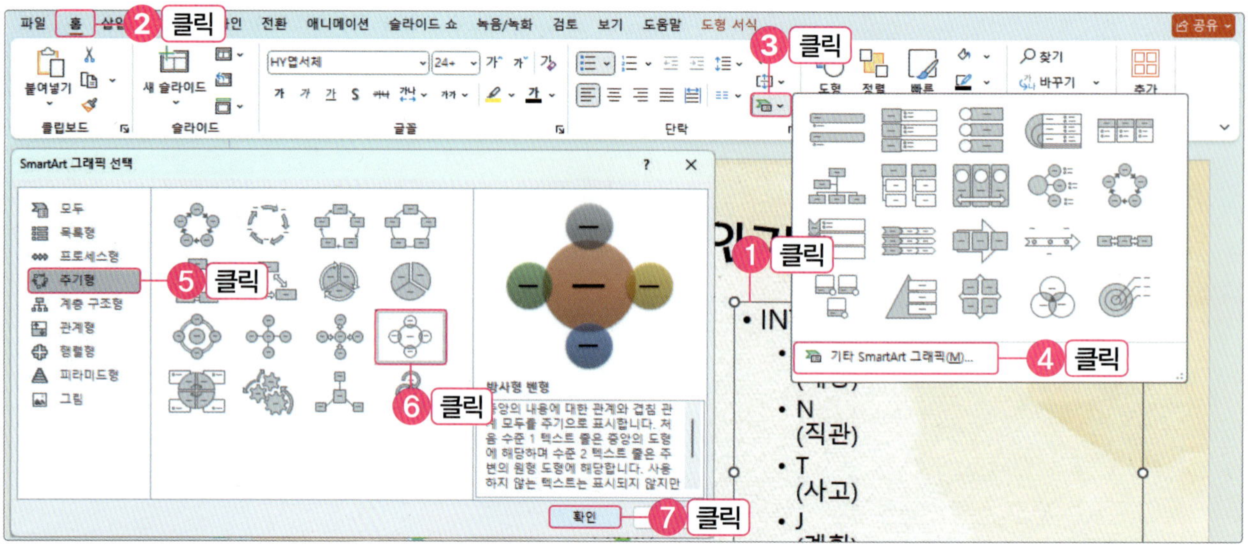

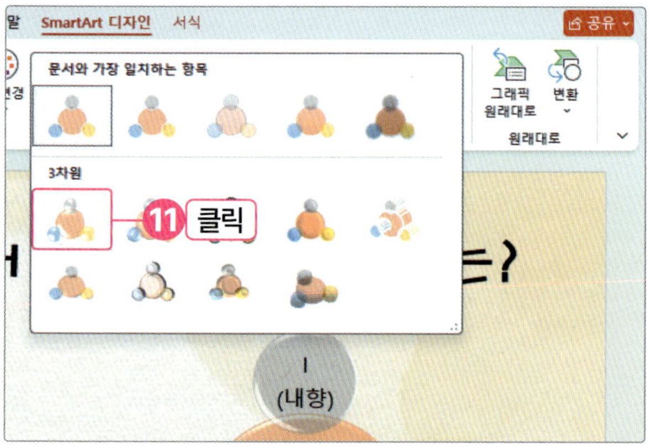

❻ [삽입] 탭-[이미지] 그룹에서 [그림]-[이 디바이스]을 클릭한 후 [12차시]-[불러올 파일]-[이미지] 폴더에서 [알파벳] 그림을 삽입해요. 이어서 그림의 크기를 조절하고 회전하여 이동해요.

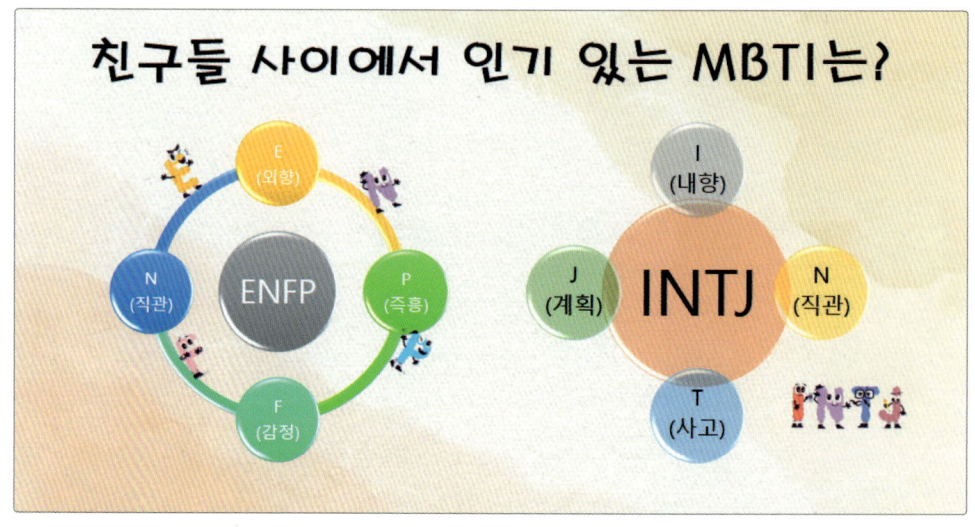

84 • 발표천재 파워포인트 2021

CHAPTER 12 발표 천재로 가는 길!

톡톡 학습

01 [MBTI별 특징.pptx] 파일을 실행한 후 텍스트를 SmartArt로 변환한 다음 SmartArt 스타일을 변경해요.

■ 불러올 파일 : MBTI별 특징.pptx   ■ 완성된 파일 : MBTI별 특징_완성.pptx

MBTI별 특징 알아보기

- ESTP 백과사전형
- 운동, 친구, 음식 다양함을 선호하는 타입
- ESFP 성인군자형
- 고조된 분위기를 만드는 우호적인 타입
- ENFP 잔다르크형
- 열정이 넘치고 새 관계를 만드는 타입
- ENTP 아이디어형
- 풍부한 상상력으로 새로운 것에 도전하는 타입

[작성 조건]

- 배경 서식 : 그라데이션 채우기, 경로형, 색상 RGB #CCCC00
- 글꼴 서식 : 나눔고딕 ExtraBold, 글꼴 크기(44)
- SmartArt 종류 : 그림-육각형 클러스터형
- SmartArt 스타일 : 색상형 범위 강조색 3 또는 4, 강한 효과

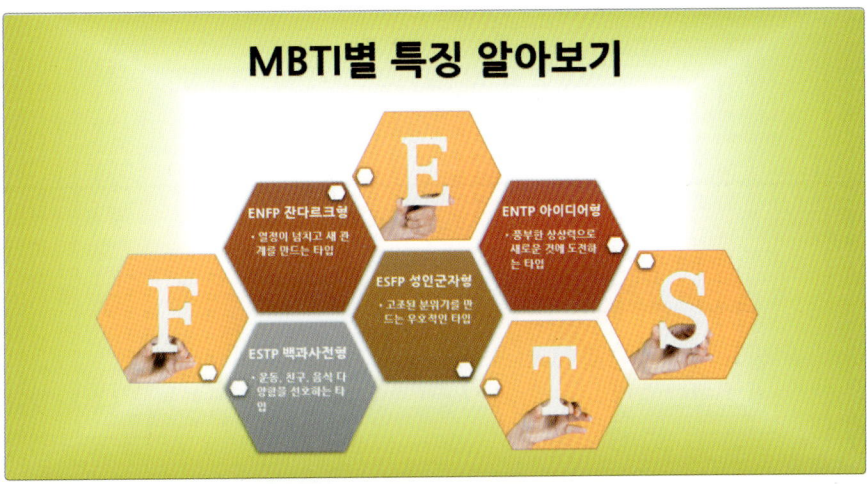

CHAPTER 13 컴쌤이 좋아하는 빙고★게임

학습 목표
- 빙고 게임 카드를 표를 이용해 만들 수 있어요.
- 특수문자를 입력할 수 있어요.

🏆 **미리 보기** 이렇게 만들어 보아요

■ 불러올 파일 : 빙고게임.pptx   ■ 완성된 파일 : 빙고게임_완성.pptx

① **표 만들기** : [삽입]-[표]-[표 삽입]을 클릭해요.

③ **도형 스타일** : [도형 서식]-[도형 스타일] → 자세히() → [강한 효과 - 파랑, 강조 5]를 클릭해요.

컴쌤이 좋아하는 빙고 ★ 게임

1	59	5	21	71
10	13	16	33	6
45	40	65	15	55
18	75	37	2	23
7	25	32	19	11

② **표 스타일** : [표 스타일] → 자세히() 클릭한 다음 선택해요.

▶ 호기심 쳇 GPT
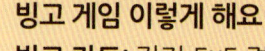

빙고 게임 이렇게 해요!
빙고 카드: 각자 5x5 격자 모양의 카드가 있어요. 카드에는 1부터 75까지의 숫자를 무작위로 적어요.
진행자: 게임을 진행하는 사람이 있어요. 이 사람이 숫자를 불러요. 빙고는 가로, 세로, 또는 대각선으로 5개의 숫자가 일렬로 표시되면 "빙고!"라고 크게 외쳐요.
진행자가 카드의 숫자가 맞는지 확인하고 맞으면 그 사람이 이기는 게임이에요.

 **1** 제목을 만들고 특수 기호를 입력해요.

① [빙고게임.pptx] 파일을 열고 [삽입] 탭-[기호(Ω)]를 클릭해요. [기호] 대화상자가 나타나면 원하는 기호(★)를 선택하고 [삽입]을 클릭 후 [닫기]를 클릭해요.

② 도형 스타일 변경을 위해 [도형 서식] 탭-[도형 스타일] 그룹의 자세히(▽)를 클릭한 다음 [강한 효과 - 파랑, 강조 5]를 클릭하고 [도형 윤곽선]-[흰색, 배경1] 및 [도형 윤곽선]-[두께]-[3pt]를 클릭해요.

2 표를 이용하여 빙고 게임 보드 판을 만들어요.

① 표를 삽입하기 위해 [삽입] 탭-[표]-[표 삽입]을 클릭해요. [표 삽입] 대화상자가 나타나면 열 개수(5)와 행 개수(5)를 입력한 후 [확인]을 클릭해요.

② 삽입된 표의 크기를 조절한 후 [테이블 디자인] 탭-[표 스타일 옵션]-[머리글 행]을 클릭해서 체크 표시를 해제해요.

③ 표 테두리 변경을 위해 [테이블 디자인] 탭-[표 스타일] 그룹에서 [음영] 색(흰색), [테두리]의 (모든 테두리)로 클릭해요.

④ 표 바깥 테두리 두께 변경을 위해 [테두리 그리기] 그룹에서 펜 두께(2.25 pt)를 선택한 후 [표 스타일] 그룹의 [테두리]-[바깥쪽 테두리]로 클릭해요.

❺ [홈] 탭-[그리기] 그룹에서 [도형 채우기(   )]를 클릭 후 셀을 교차해서 임의의 한 가지 색으로 채우기 색을 변경해요.

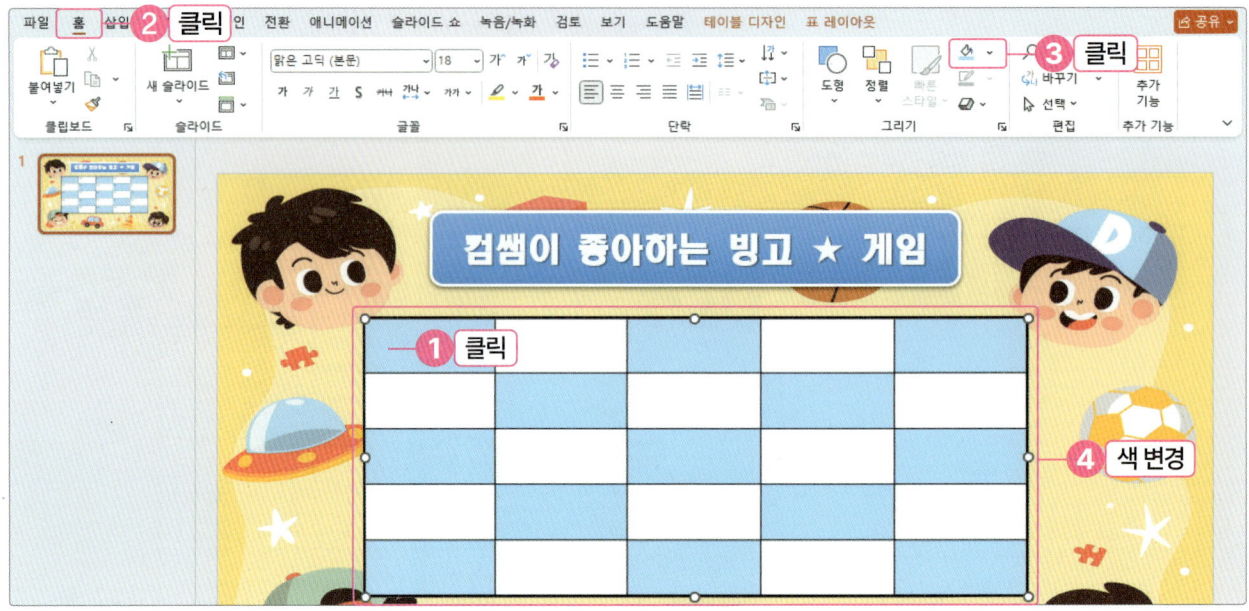

❻ 표 안에 1~75 숫자 중에 임의의 숫자를 입력한 후 표를 선택하고 [홈] 탭-[글꼴] 그룹에서 글꼴(휴먼둥근헤드라인) 및 글꼴 크기(28), 가운데 정렬(≡)을 수정해요.

❼ 텍스트의 세로 가운데 맞춤을 위해 [표 레이아웃] 탭-[맞춤] 그룹에서 [세로 가운데 맞춤(≡)]을 클릭해요.

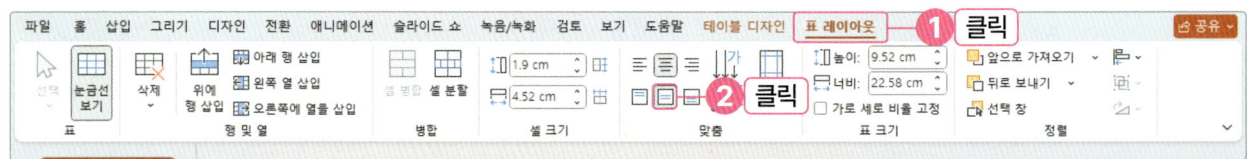

CHAPTER 13 발표 천재로 가는 길!

톡톡 학습

01 완성한 빙고게임.pptx 파일에 빙고 완성 도형을 삽입할 수 있어요.

[작성 방법]
- 도형 삽입 [사각형: 둥근 모서리]
- 도형 채우기(채우기 없음), 도형 윤곽선(빨강), 두께(6pt), 스케치(자유형)

02 컴쌤과 함께 빙고 게임을 시작해요.

[작성 방법]
- 진행자는 1~75 숫자 중에 임의로 숫자를 불러요.
- 진행자가 부른 숫자는 개인별로 빙고 게임 보드 판에 동그라미 해요.
- 진행자가 부른 숫자 중 가로/세로/대각선 중 연속해서 5개의 숫자가 1줄로 완성되면 빙고 도형으로 표시하고 "빙고"라고 크게 외쳐요.
- 진행자가 보드 판을 확인해서 불러준 숫자가 맞았다면 이기는 게임이에요.

CHAPTER 14
빛나는 아이디어! 네온 피켓 DIY

학습 목표
- 도형과 글자에 네온 효과를 설정할 수 있어요.
- 아이콘을 그룹 해제 후 서식을 변경할 수 있어요.

미리 보기 이렇게 만들어 보아요

■ 불러올 파일 : 네온 피켓.pptx   ■ 완성된 파일 : 네온 피켓_완성.pptx

② **그룹 해제** : [정렬] → [그룹화(□)] → 그룹 해제(⊞)]를 클릭해요.

① **네온 효과** : [텍스트 채우기(A)] → [텍스트 효과(A)] → 네온 색을 선택해요.

▶ 호기심 쳇 GPT

피켓(Picket)이란?
피켓은 문구나 그림으로 내가 하고 싶은 메시지를 전달하거나 응원할 때 사용되는 도구로, 메시지를 적은 팻말이나 표지판을 말해요. 자신의 생각을 알리고 관심을 모으기 위해 사용되는 중요한 표현 수단이에요. 예를 들어 "환경을 지켜요!"라고 적힌 피켓을 들면 사람들이 환경보호의 중요성을 알 수 있어요.

 ## 그림자 효과와 네온 효과를 설정해요.

① [14차시]-[불러올 파일]-[네온 피켓.pptx] 파일을 실행해요.

② 하트 도형을 선택한 다음 [도형 서식] 탭에서 [도형 서식(🔲)]을 클릭한 후 [도형 서식] 창의 [채우기]-[그라데이션 채우기]를 클릭한 후 [그라데이션 중지점]의 [4/4 중지점]을 클릭한 다음 [색]-[다른 색]에서 핑크색(#FF33CC)을 클릭해요.

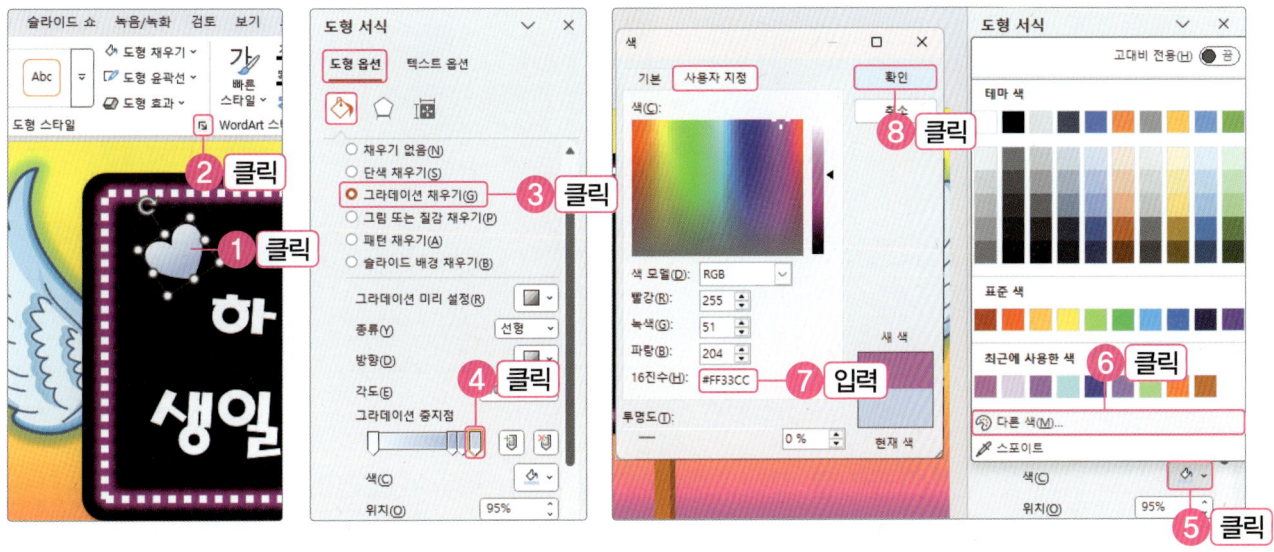

③ [2/4, 3/4 중지점]은 중지점 제거(🗑)로 삭제한 후 [도형 서식]-[효과(⬠)]를 클릭한 다음 그림자 효과와 네온 효과를 수정해요.

• 그림자 효과 : 색 #FFCCFF, 흐리게 20pt, 간격 0pt
• 네온 효과 : 색 #FFCCFF, 크기 20pt, 투명도 60%

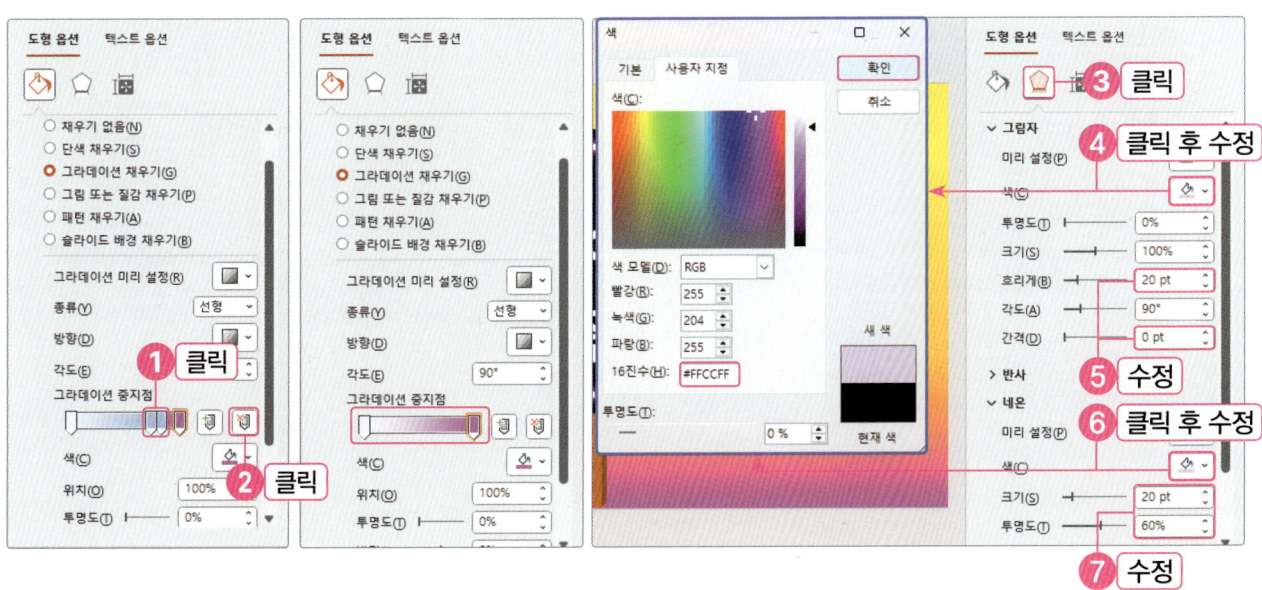

CHAPTER 14 빛나는 아이디어! 네온 피켓 DIY • 93

④ 텍스트 상자 테두리를 클릭한 후 [도형 서식] 창의 [텍스트 옵션] 탭에서 [텍스트 채우기(A)]와 [텍스트 효과(A)]를 수정해요.

- 텍스트 채우기 : 채우기 없음
- 그림자 효과 : 색 #00FFFF, 흐리게 15pt, 간격 0pt
- 네온 효과 : 색 #00FFFF, 크기 8pt, 투명도 60%

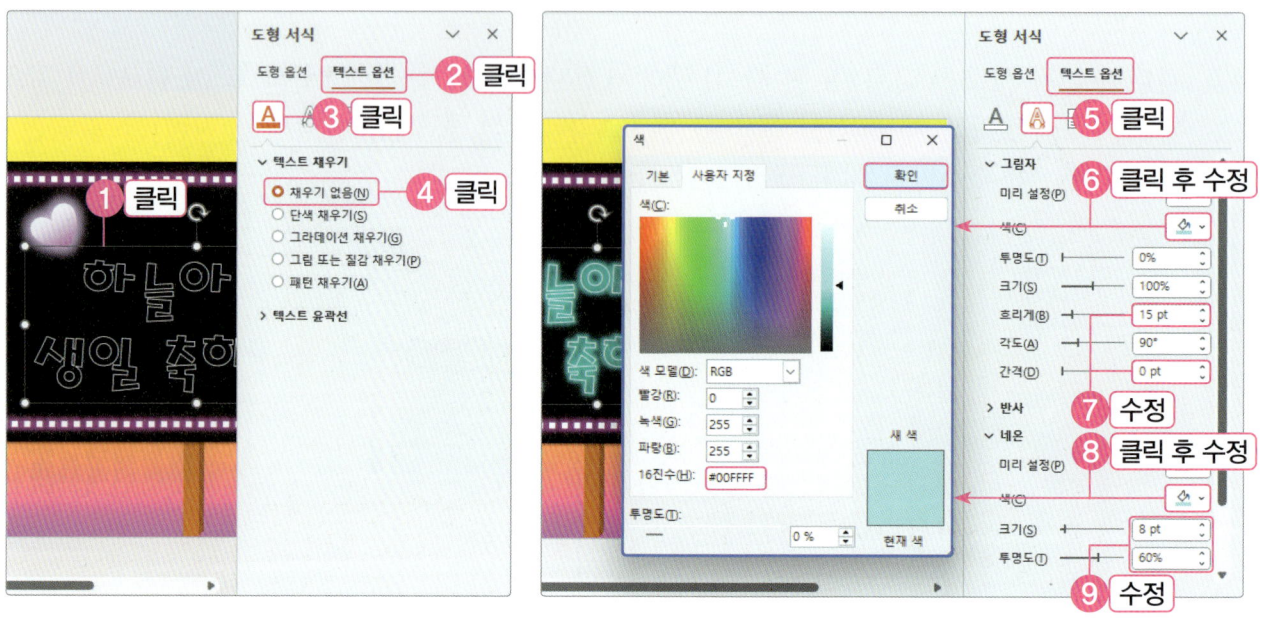

⑤ 텍스트 상자 안의 "생" 글자를 드래그한 후 그림자 색(빨강-#FF0000)과 네온 색(빨강-#FF0000)을 변경해요. 같은 방법으로 한 글자씩 드래그하여 그림자 효과와 네온 효과 색을 변경해요.

- "일" : #FF6600 / "축" : #FFFF00 / "하" : #99FF66 / "해" : #FF00FF
- 첫 번째 "!" : #CC66FF / 두 번째 "!" : #FFCCFF

 ## 2 아이콘을 그룹 해제한 후 효과를 설정해요.

① 케익 아이콘을 클릭한 후 [그래픽 형식] 탭-[정렬] 그룹에서 [그룹화( )]-[그룹 해제( )]을 클릭한 다음 알림창에서 [예]를 클릭해요.

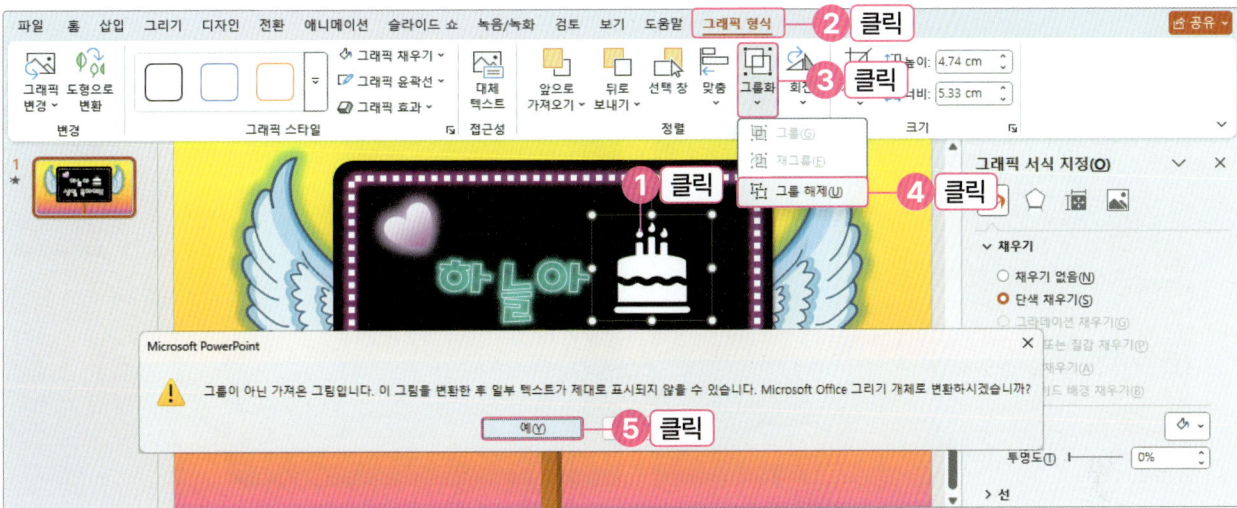

② 그룹 해제된 케익 도형의 채우기 및 선과 효과를 수정한 후 빈 공간을 클릭하여 선택을 해제한 다음 촛불 3개를 선택하고 그림자 색(빨강) 및 네온 색(빨강)을 수정해요.

- 도형 채우기 : 채우기 없음, 윤곽선 : 실선, 색 : 흰색, 배경1
- 그림자 효과 : 색 #FF6600, 흐리게 15pt, 간격 0pt
- 네온 효과 : 색 #FFFF00, 크기 8pt, 투명도 60%
- 촛불 3개 : 그림자 색(빨강-#FFFF00), 네온 색(빨강-#FF0000)

CHAPTER 14 빛나는 아이디어! 네온 피켓 DIY • 95

❸ 촛불 3개가 선택된 상태에서 [애니메이션] 탭-[자세히(▼)]를 클릭한 다음 [추가 강조하기 효과]-[깜빡이기]를 선택한 후 타이밍을 설정해요.

• 시작 : 이전 효과와 함께, 재생 시간 : 0.01초, 반복 : 슬라이드가 끝날 때까지

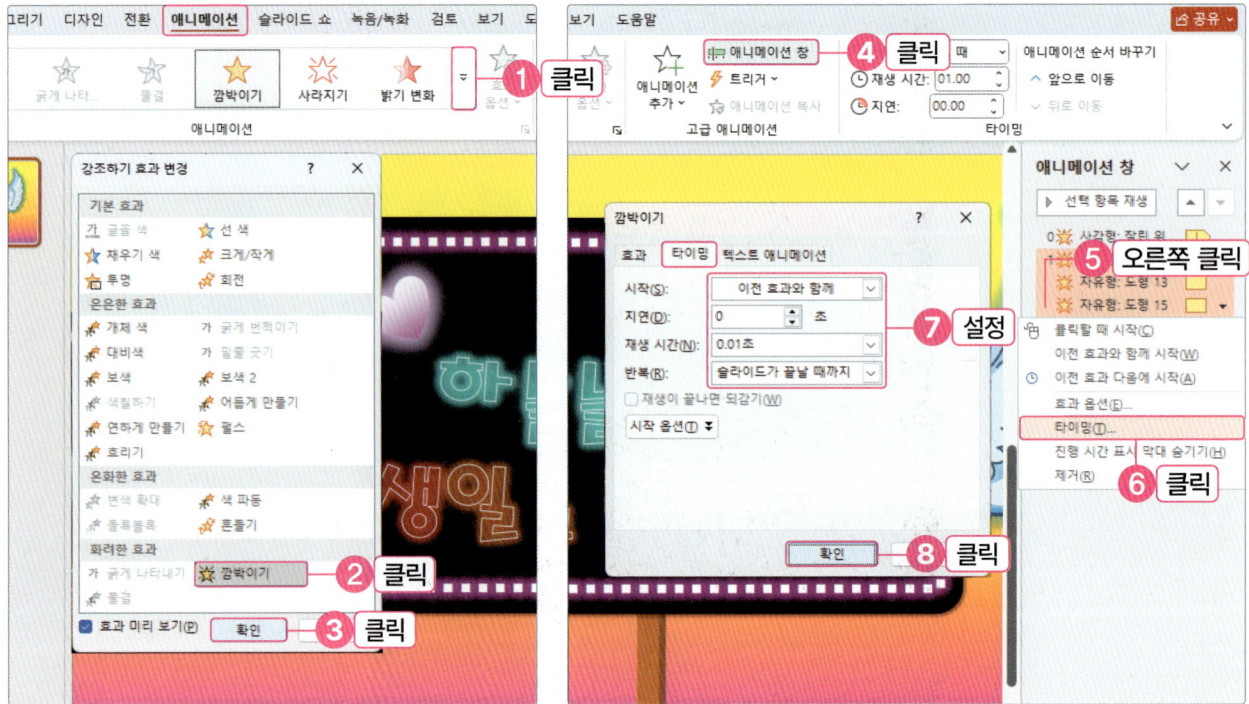

❹ 텍스트 상자 테두리를 클릭한 후 [추가 강조하기 애니메이션 효과-깜빡이기]를 클릭한 다음 타이밍과 효과를 설정해요.

• 효과 설정 (텍스트 애니메이션 : 문자 단위로, 5% 문자 사이 지연)
• 타이밍 설정 (시작 : 이전 효과와 함께, 재생 시간 : 0.5초 매우 빠르게, 반복 : 슬라이드가 끝날 때까지)

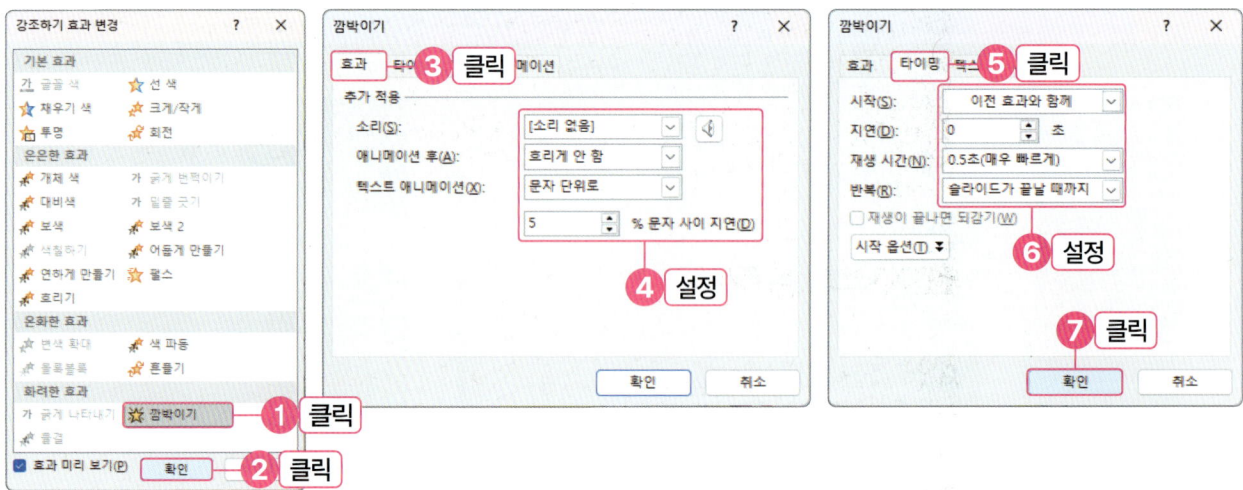

CHAPTER 14 발표 천재로 가는 길!

톡톡 학습

01 [우정.pptx] 파일을 열어 텍스트 상자를 삽입한 후 텍스트 서식 및 효과를 지정해요. 이어서 [손] 아이콘을 삽입하고 그룹 해제한 후 도형 효과를 설정해요.

■ 불러올 파일 : 우정.pptx   ■ 완성된 파일 : 우정_완성.pptx

02 다음 그림에서 숨겨진 5가지 그림을 찾아 동그라미를 그려 보아요. 그림 안에 잘 숨어 있으니 주의 깊게 살펴보세요!

🔨 힌트 박쥐, 딱따구리, 지렁이, 쥐, 나뭇잎

CHAPTER 15
어버이날 랜덤선물, 어떤 선물이 나올까?

학습 목표
- 차트를 삽입하고 레이블 서식을 설정할 수 있어요.
- 차트를 그림으로 변경한 후 돌림판 애니메이션을 설정할 수 있어요.

🏆 **미리 보기** 이렇게 만들어 보아요　　🟦 불러올 파일 : 돌림판.pptx　　🟩 완성된 파일 : 돌림판_완성.pptx

① **차트 삽입** : [삽입] → [일러스트레이션] → (📊) → [원형] 차트 삽입 → [레이블 서식]을 설정해요.

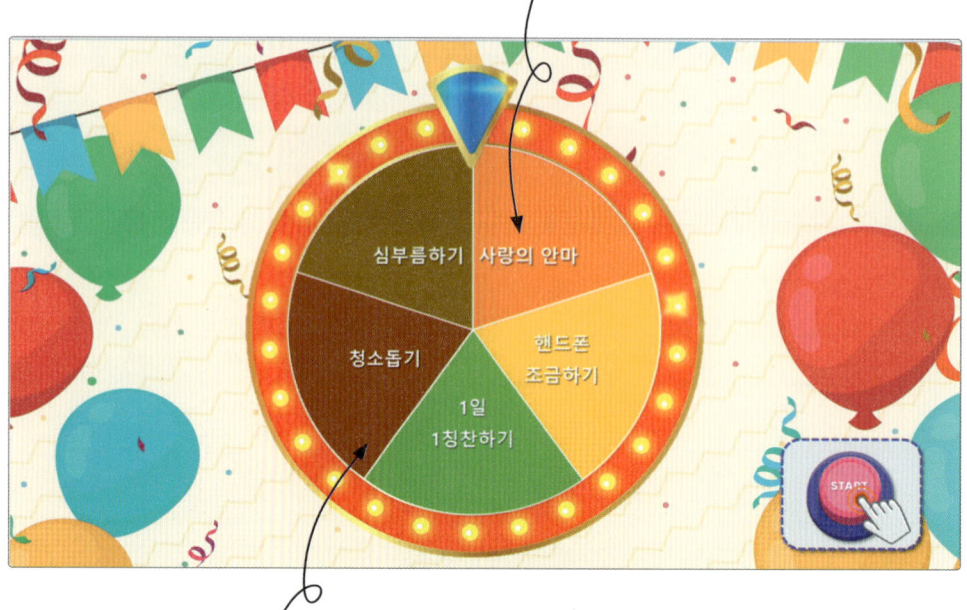

② **애니메이션 설정** : [애니메이션] → [자세히] → [강조] → [회전(⭐)]을 클릭해요.

▶ 호기심 쳇 GPT

어버이날이란?
어버이날은 부모님께 감사의 마음을 표현하는 한국의 기념일로, 5월 8일에 지정되어 있어요. 원래 어머니날과 아버지날로 나뉘어 있었으나, 1973년에 이 두 기념일이 통합되어 현재의 어버이날로 지정되었어요. 카네이션은 부모님에 대한 존경과 사랑을 상징해요. 감사 편지, 심부름하기 등으로 감사의 마음을 전해보는 건 어떨까요?

98 • 발표천재 파워포인트 2021

 **차트를 삽입하고 서식을 설정해요.**

❶ [돌림판.pptx] 파일을 열고 [삽입] 탭-[일러스트레이션] 그룹에서 차트(📊)를 클릭해요. [차트 삽입] 창에서 [원형] 차트를 클릭한 후 Excel(📗) 창에 데이터를 입력해요.

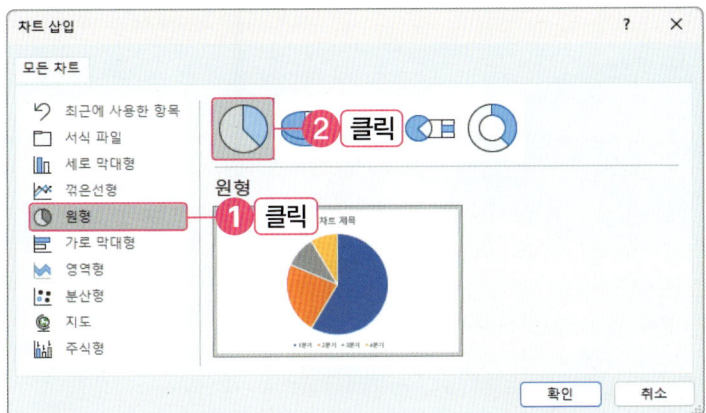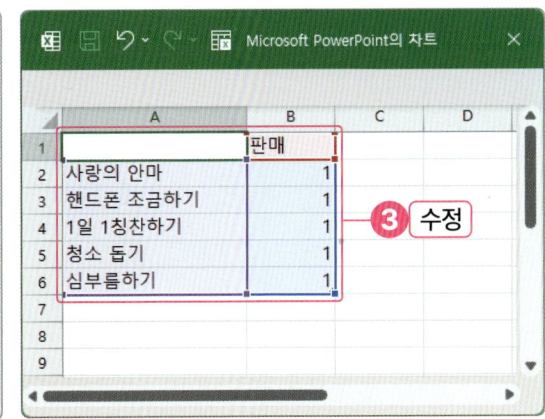

❷ 삽입한 차트를 클릭한 후 [차트 디자인] 탭-[차트 레이아웃] 그룹의 [빠른 레이아웃]를 선택한 다음 [레이아웃 4]를 클릭해요.

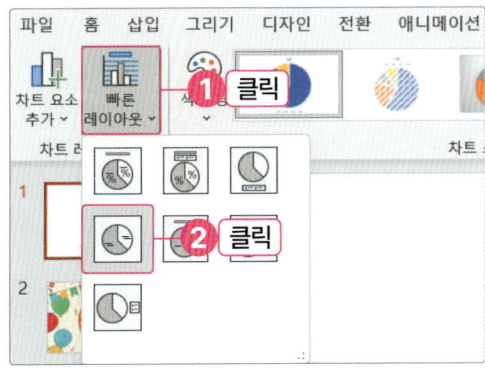

❸ 차트의 데이터 레이블 설정을 위해 [차트 디자인] 탭-[차트 레이아웃] 그룹의 [차트 요소 추가]-[데이터 레이블]-[기타 데이터 레이블 옵션]을 클릭해요.

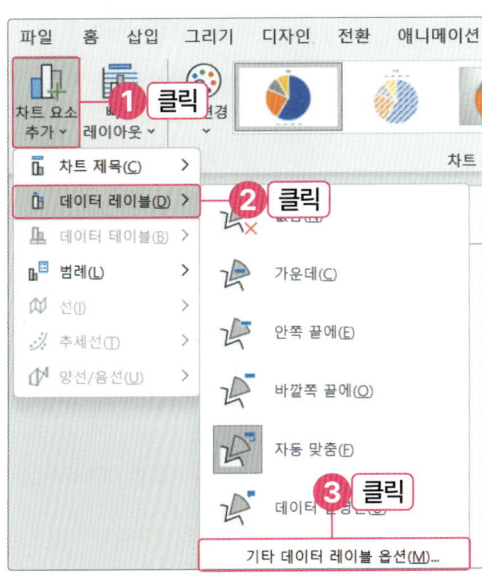

 차트를 클릭한 후 바로 가기 메뉴의 [차트 서식]를 클릭하면 차트의 다양한 옵션을 변경할 수 있어요.

④ [데이터 레이블 서식] 창에서 [레이블 옵션]-[값]의 체크 표시를 해제한 후 [레이블 위치(가운데)]를 클릭한 다음 [홈] 탭에서 글꼴 서식(글꼴 크기 20, 진하게, 그림자)을 수정해요..

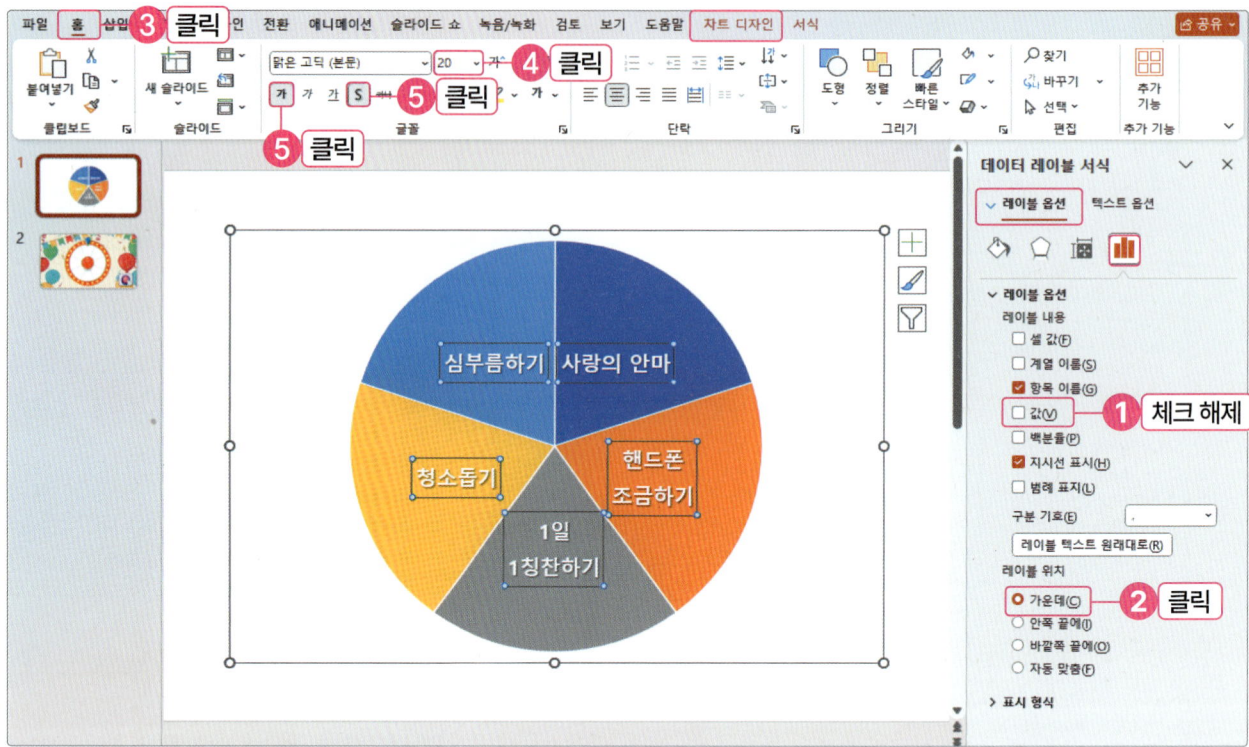

⑤ 차트가 선택된 상태에서 [차트 디자인] 탭-[차트 스타일] 그룹에서 [색 변경]-[다양한 색상표3]을 클릭해요.

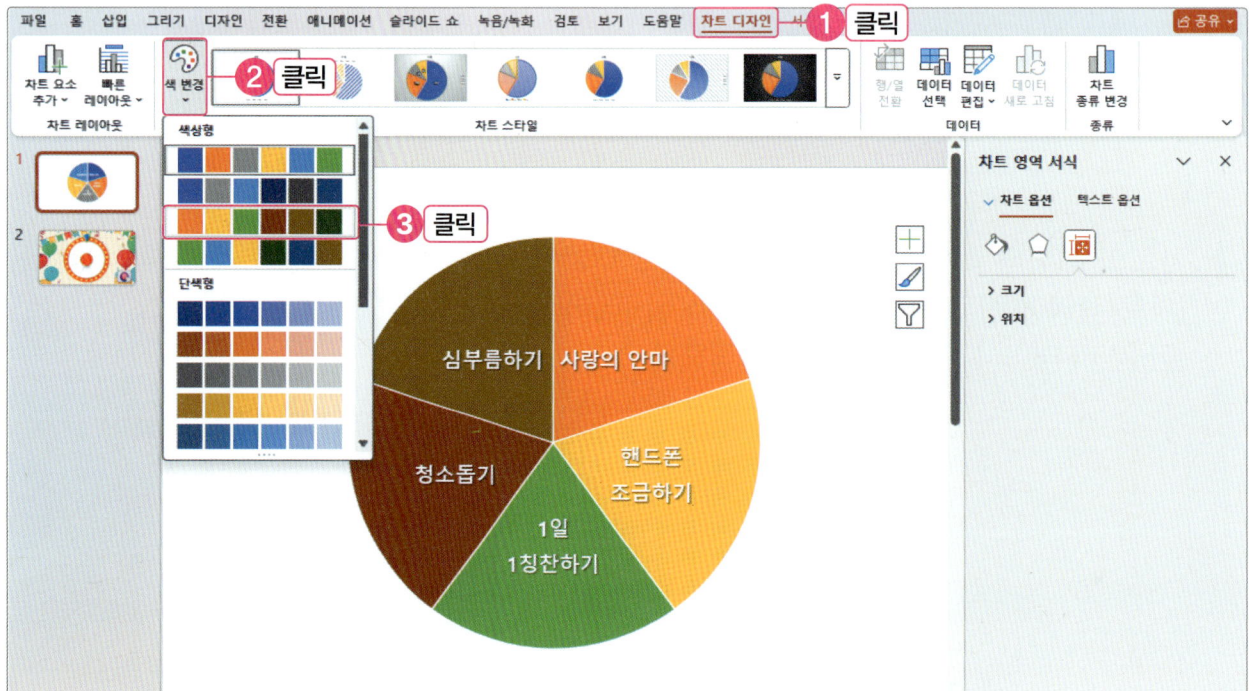

 **차트를 그림으로 변경한 후 돌림판 애니메이션을 설정해요.**

① 차트가 선택된 상태에서 [홈] 탭-[복사하기(📋)]를 클릭 후 [붙여넣기]-[그림(🖼)]을 클릭해요. 원본 차트는 삭제한 후 그림 차트를 클릭한 다음 [그림 서식] 탭-[자르기(✂)]-[가로 세로 비율]의 [정사각형 1:1]을 선택하여 정사각형으로 자르기해요.

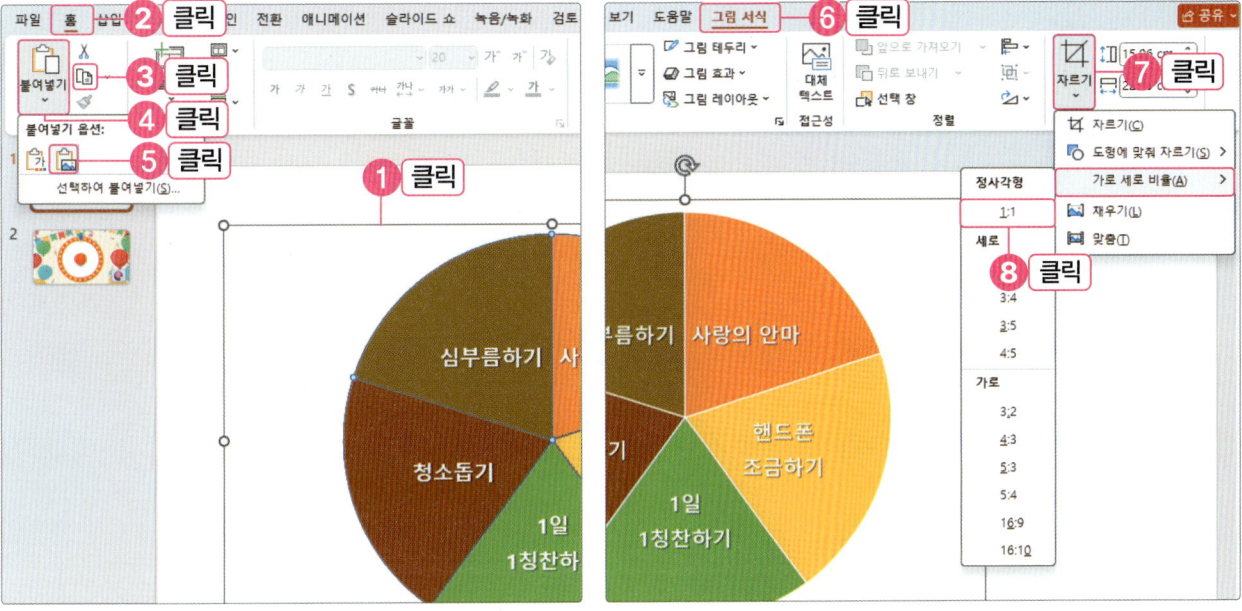

② 차트 그림을 [잘라내기(Ctrl+X)]한 후 2번 슬라이드에 [붙여넣기(Ctrl+V)]해요. 돌림판 맞춰 높이(14)와 너비(14), 위치를 조절한 후 [애니메이션]-[자세히]-[강조]-[회전(⭐)]을 클릭해요.

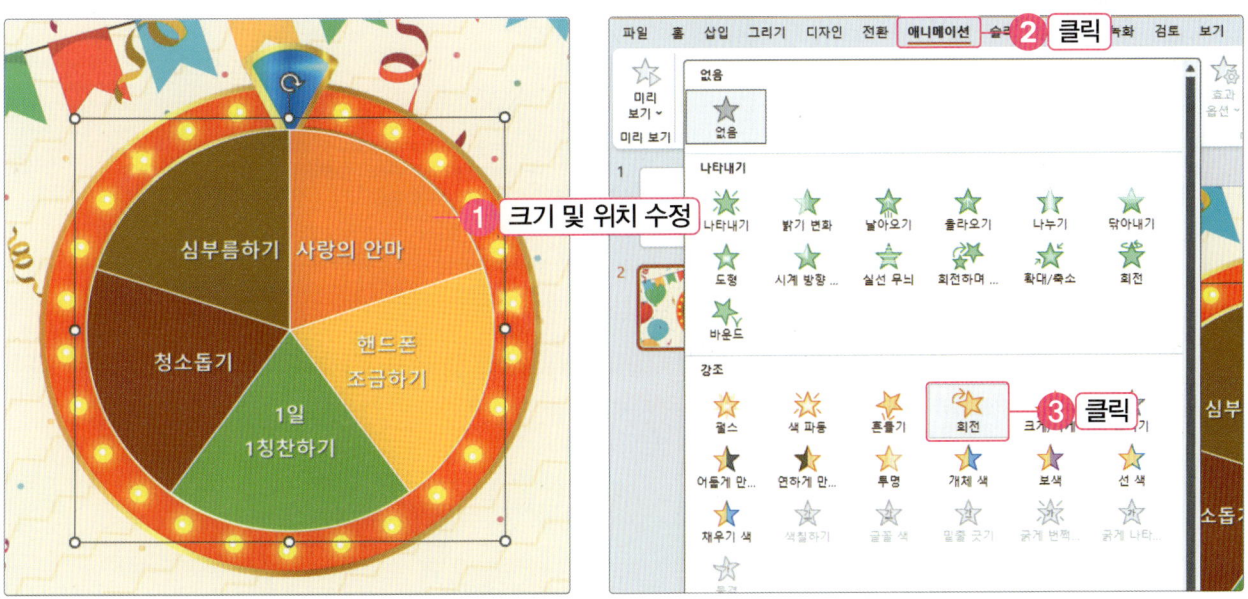

❸ 돌림판 정지 버튼을 클릭했을 때 차트가 회전될 수 있도록 [애니메이션] 탭-[고급 애니메이션] 그룹에서 [애니메이션 창]을 클릭해 회전을 지정한 그림의 애니메이션의 타이밍 옵션을 설정해요.

- 재생 시간(초(빠르게)), 반복(슬라이드가 끝날 때까지)
- [시작 옵션] 다음을 클릭하면 효과 시작 : "그림2" 선택

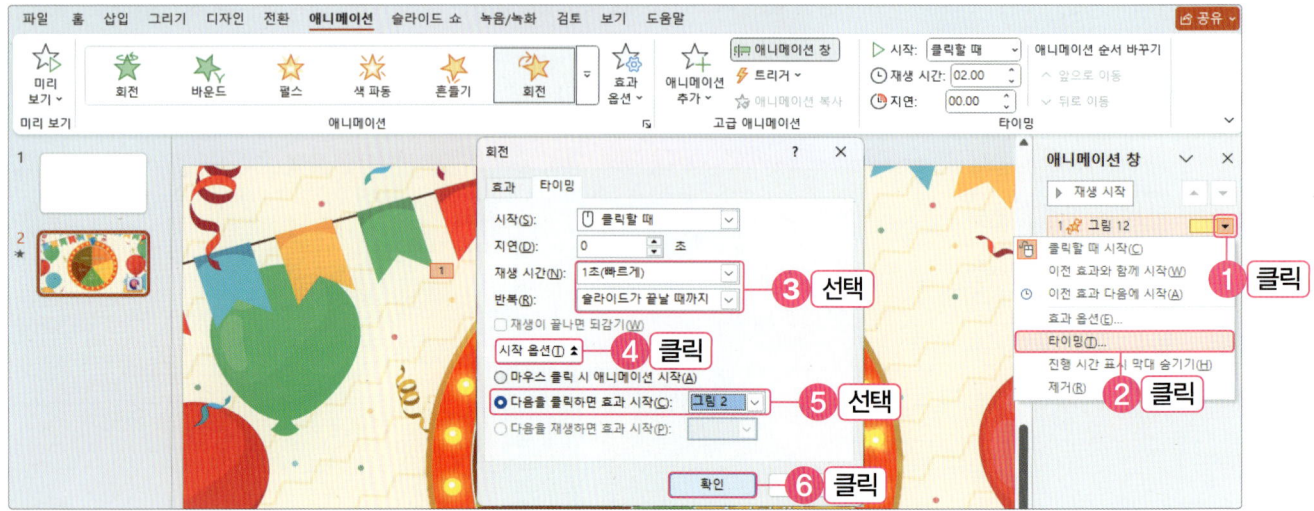

❹ 돌림판 정지 버튼을 클릭했을 때 정지될 수 있도록 [애니메이션 추가]-[나타내기]-[나타내기(🌟)]를 클릭한 후 [애니메이션 창]에서 회전을 지정한 그림의 타이밍을 설정 해요.

- [시작 옵션] 다음을 클릭하면 효과 시작 : "그림2" 선택

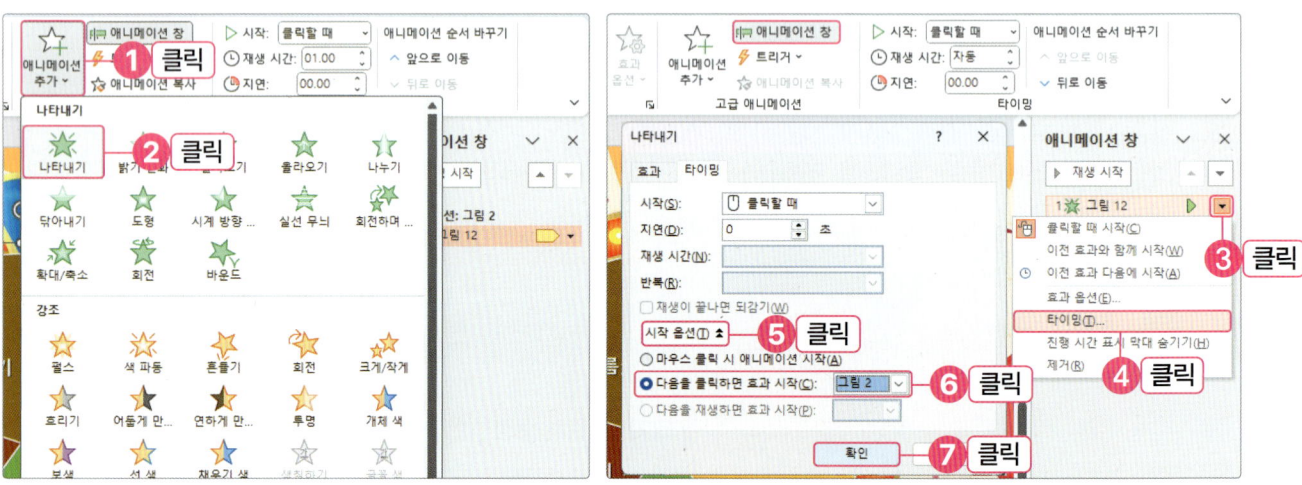

❺ [삽입] 탭-[그림]-[15차시]-[불러올 파일]-[이미지]에서 [룰렛표시] 그림을 삽입한 후 돌림판 룰렛 표시 위치로 이동한 다음 1번 슬라이드는 삭제해요.

CHAPTER 15 발표 천재로 가는 길!

톡톡 학습

01 [1일 1효도 챌린지]를 예시를 보고 시작해요.

------------------------ 절취선 ------------------------

02 [1일 1효도 챌린지] 표를 잘라서 위와 같은 방법으로 내용을 작성하여 활용해요.

CHAPTER 16 밤하늘의 마법, 불꽃놀이!

학습 목표
- 도형을 삽입한 후 모양을 변경할 수 있어요.
- 애니메이션을 추가하고 효과 옵션을 변경할 수 있어요.

🏆 **미리 보기** 이렇게 만들어 보아요   ■ 불러올 파일 : 불꽃놀이.pptx   ■ 완성된 파일 : 불꽃놀이_완성.pptx

① **도형 모양 변경** : [별 및 현수막]의 별:꼭짓점 32개()삽입 → 모양 조절점을 드래그해요.

② **애니메이션 추가 및 옵션** : [고급 애니메이션] → 애니메이션 추가(☆) → [추가 끝내기 효과] → 타이밍을 설정해요.

▶ 호기심 쳇 GPT

불꽃놀이란?
불꽃놀이는 중국에서 시작된 전통으로, 약 1,000년 전 송나라 시대에 처음 등장한 것으로 알려져 있어요. 초기에는 단순히 큰 소리를 내는 폭죽이 전부였지만, 시간이 지나면서 다양한 색깔을 낼 수 있게 되었어요. 이후 이탈리아에서 불꽃놀이 기술이 크게 발전하여 색상과 모양을 다양하게 연출하게 되었어요. 한마디로, 불꽃놀이는 중국에서 태어나 유럽에서 성장하고 전 세계에서 사랑받게 된 글로벌 축제 문화예요.

 **도형을 삽입한 후 모양을 변경해요.**

① [불꽃놀이.pptx] 파일을 열고 [삽입] 탭-[일러스트레이션] 그룹에서 [도형]-[별 및 현수막]의 [별:꼭 짓점 32개(✹)]를 선택한 다음 Shift 를 누르고 드래그해요. 모양 조절점을 도형의 가운데로 이동 시켜요.

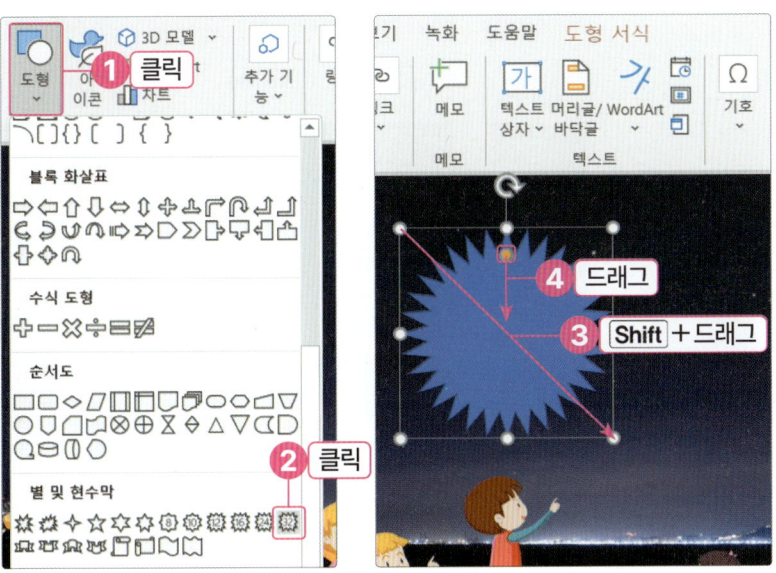 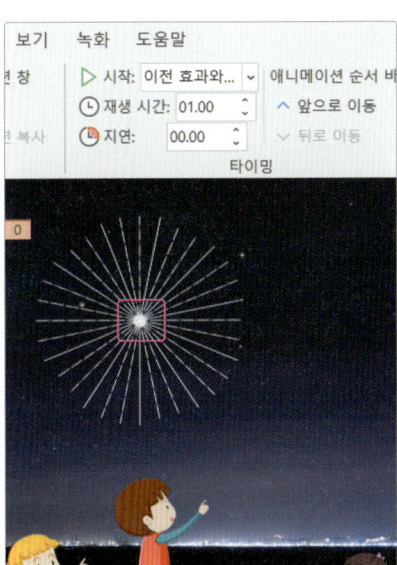

② [도형 서식] 탭-[도형 스타일] 그룹에서 도형 서식을 변경해요.
- [도형 채우기(채우기 없음)], [도형 윤곽선(흰색, 배경 1)], [대시(긴 파선-점선)]

CHAPTER 16 밤하늘의 마법, 불꽃놀이! • 105

 **애니메이션을 추가하고 효과 옵션을 변경해요.**

① [애니메이션] 탭-[애니메이션]-[자세히(▼)]를 클릭한 후 [나타내기]-[확대/축소]를 클릭해요. 이어서 [타이밍] 그룹에서 시작(이전 효과와 함께) 및 재생 시간(01.00)을 수정해요.

② [고급 애니메이션] 그룹에서 [애니메이션 추가(☆)]-[추가 끝내기 효과]를 클릭한 후 [추가 끝내기 효과 추가] 대화상자의 [흩뿌려 사라지기]를 클릭해요. [타이밍] 그룹에서 시작(이전 효과와 함께) 및 재생 시간(02.00)을 수정해요.

106 • 발표천재 파워포인트 2021

❸ [고급 애니메이션] 그룹에서 [애니메이션 추가]-[강조]-[크게/작게]를 클릭한 후 [타이밍] 그룹에서 시작(이전 효과와 함께) 및 재생 시간(02.00)을 수정해요.

❹ [고급 애니메이션] 그룹에서 [애니메이션 창]을 클릭한 후 애니메이션 목록 중 크게/작게 효과를 적용한 별의 목록 단추(▼)를 클릭한 다음 [효과 옵션]을 클릭하고 [크기(200)]를 수정해요.

❶은 확대/축소, ❷는 흩뿌려 사라지기, ❸은 크게/작게 애니메이션 설정을 나타내요.

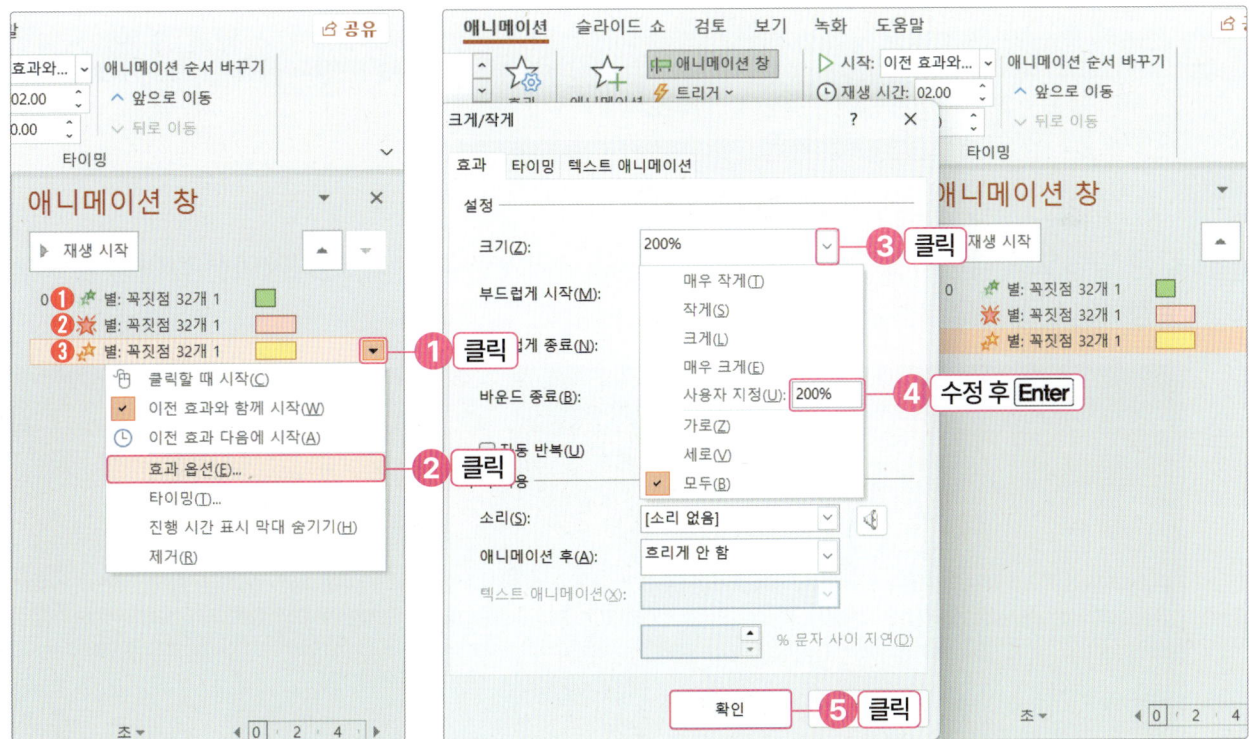

TIP 사용자 지정에 숫자를 입력하고 Enter 를 누르지 않으면 크기 효과가 적용되지 않으니 주의해요.

❺ 별 도형의 크기(도형 높이/너비-2.5cm)를 수정한 후 Ctrl 을 누르고 드래그하여 복사해요. 복사한 도형의 크기(도형 높이/너비-6cm) 및 임의의 도형 윤곽선 색을 수정하고 타이밍을 각각 수정해요.

- **확대/축소** : 시작(이전 효과와 함께), 재생 시간(01.00), 지연(00.75)
- **흩뿌려 사라지기** : 시작(이전 효과와 함께), 재생 시간(02.00), 지연(00.75)
- **크게/작게** : 시작(이전 효과와 함께), 재생 시간(02.00), 지연(00.75)

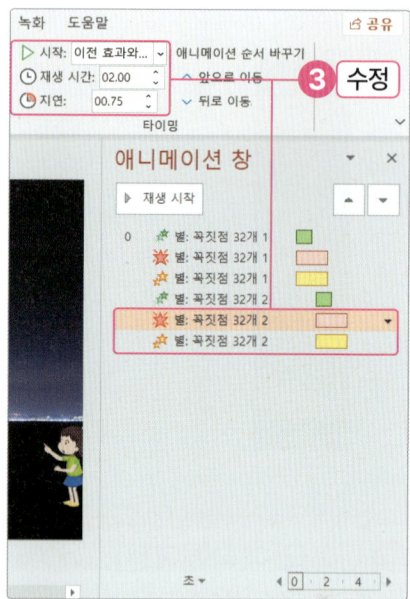

알고 넘어가요!

애니메이션 효과의 타이밍 "지연" 설정하기

[지연]은 애니메이션이 시작되기 전에 기다리는 시간을 설정하는 기능이에요. 지연 시간을 다양하게 설정하면 불꽃놀이를 자연스럽게 연출할 수 있어요.

❻ 같은 방법으로 나머지 불꽃을 복사한 후 도형의 크기와 윤곽선 색, 애니메이션 타이밍 등을 임의로 수정하여 완성해요.

CHAPTER 16 · 톡톡 학습
발표 천재로 가는 길!

01 애니메이션 순서를 바꿔요.

■ 불러올 파일 : 별똥별.pptx   ■ 완성된 파일 : 별똥별_완성.pptx

[작성 방법]

1. [별똥별] 도형을 클릭한 후 [애니메이션] 탭-[이동경로]-[사용자 지정] 도구로 이동 선을 그려요.

2. 애니메이션 [타이밍]을 설정해요.
   ※ 시작: 이전 효과 다음에, 재생 시간: 02.00, 지연: 0.00

3. [별똥별]을 클릭한 후[애니메이션 순서 바꾸기]-[뒤로 이동]을 6번 클릭해요.

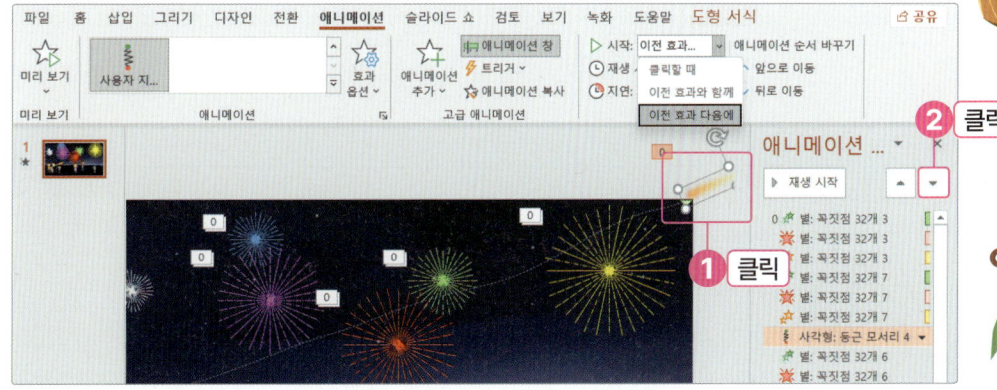

CHAPTER 17
여기가 어딘데? 인기 있는 여행지 소개

학습 목표
- 다시 칠하기로 그림 색을 변경할 수 있어요.
- 슬라이드 쇼로 저장할 수 있어요.

미리 보기 — 이렇게 만들어 보아요

📂 불러올 파일 : 여행지.pptx   📗 완성된 파일 : 여행지_완성.pptx

① **다시 칠하기** : [그림 서식] 탭 → [조정] → [색] → [다시 칠하기]에서 그림색을 선택해요.

② [왼쪽 버튼(◀◀)]을 우클릭 → [하이퍼링크]를 클릭해요.

▶ 호기심 쳇 GPT

GIF는 이미지와 간단한 애니메이션을 저장하기 위한 파일 형식으로 "움직이는 그림 파일"이라고 생각하면 쉬워요. 우리가 좋아하는 만화 캐릭터가 움찔움찔 움직이거나, 뭔가 반짝거리는 장면을 떠올려보세요. 그게 바로 GIF에요. SNS나 친구에게 채팅으로 보낼 때 더 재미있는 짤로! 여러 장의 이미지를 빠르게 재생해서 움직이는 것처럼 보이게 만들어요.

 **1 다시 칠하기로 색을 변경해요.**

① [여행지.pptx] 파일을 열고 그림을 순서대로 삽입해요. 첫 번째 그림을 제외한 나머지 그림을 클릭한 후 [그림 서식] 탭-[조정] 그룹에서 [색]-[다시 칠하기 -밝은 회색, 배경색 2 밝게]를 클릭해요.

② [삽입] 탭-[그림]-[이 디바이스]를 클릭 후 [17차시]-[불러올 파일]-[이미지] 폴더의 [필름] 파일을 삽입한 다음 [그림 서식] 탭의 [크기] 그룹에서 높이(14) 및 너비(41.5)를 수정해요.

❸ [삽입] 탭-[도형]를 클릭한 후 [기본 도형]-[타원]을 드래그하고 도형 서식을 수정해요. 이어서 Ctrl + Shift 를 누른 상태에서 아래로 드래그해요.

• **도형 서식 수정** : 도형 높이(5cm), 도형 너비(40cm), 도형 채우기(#A7DFD5), 도형 윤곽선(없음)

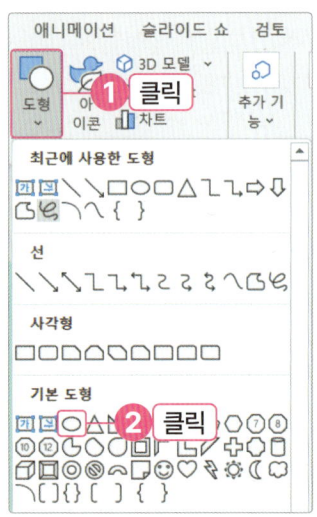
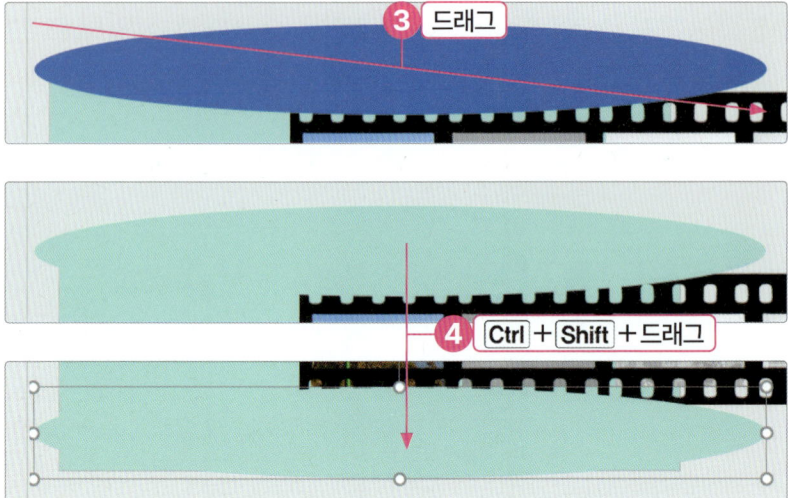

TiP

스포이트로 색상 변경하기
스포이트(🖉)를 활용하면 동일한 색상을 빠르게 다른 도형에 적용할 수 있어요.

❹ 도형 안에 내용을 입력하고 글꼴 서식을 변경해요.

• **떠나고 싶은 세계 여행지 파노라마** : 글꼴(휴먼매직체), 진하게, 글꼴 크기(50), 글꼴 색(#006666), 텍스트 맞춤(아래쪽)
• **다낭** : 글꼴(휴먼매직체), 진하게, 글꼴 크기(40), 글꼴 색(검정, 텍스트 1), 텍스트 맞춤(위쪽)

TiP

텍스트를 입력한 도형의 위치가 다른 슬라이드와 같아야 쇼 실행시 자연스러운 움직임 효과를 표현할 수 있어요.

❺ [삽입] 탭-[그림]를 클릭한 후 [버튼]을 그림을 삽입한 다음 크기(높이/너비: 2.8cm)를 수정해요. 이어서 Ctrl+Shift를 누른 상태에서 드래그 후 [그림 서식] 탭-[정렬] 그룹에서 [개체 회전(⤾)]-[좌우대칭]을 클릭해요.

 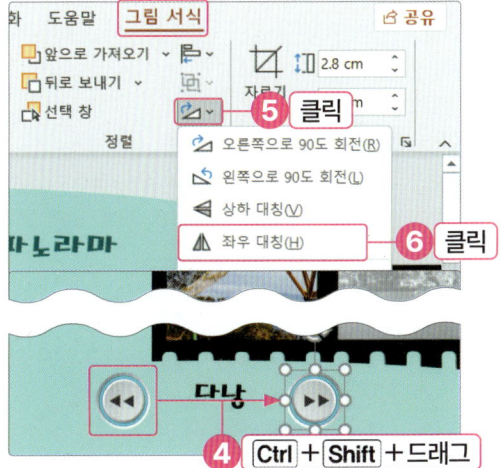

❻ 왼쪽 버튼(◀◀)을 클릭한 후 바로 가기 메뉴의 [하이퍼링크]를 클릭해요. [하이퍼링크 삽입] 창이 나타나면 연결 대상을 [현재 문서]-[이전 슬라이드]를 선택해요. 같은 방법으로 [오른쪽 버튼(▶▶)]은 [다음 슬라이드]로 설정해요.

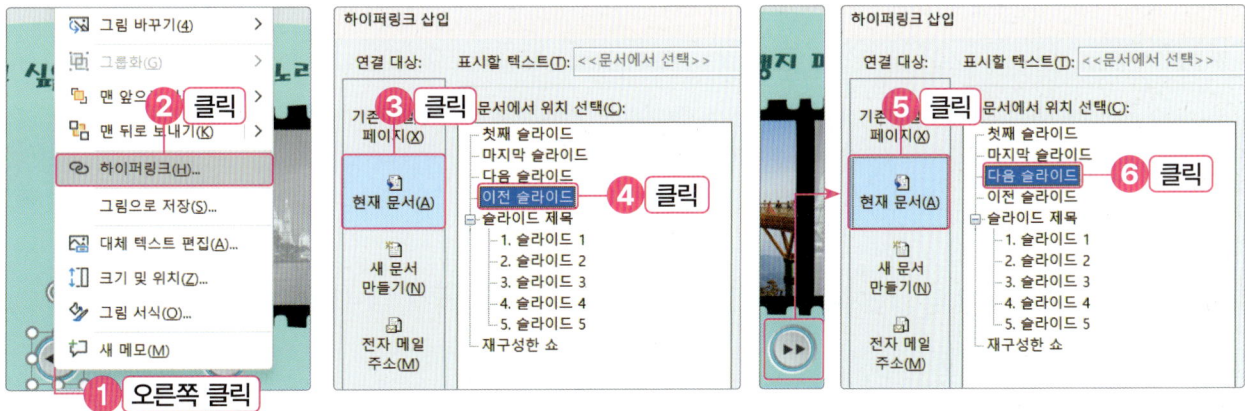

❼ [비행기] 그림을 삽입한 후 크기(높이/너비 : 8cm)를 수정해요. 전체 슬라이드를 클릭한 후 [전환] 탭-[모핑]을 클릭하여 모핑 효과를 설정해요.

 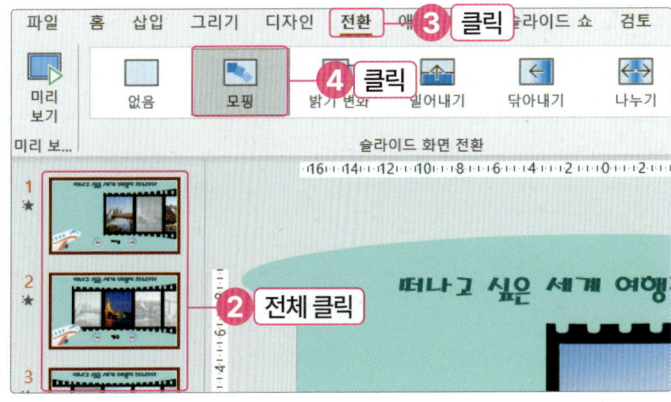

2 슬라이드 쇼로 저장해요.

❶ [슬라이드 쇼] 탭-[설정] 그룹에서 [슬라이드 쇼 설정]을 클릭해요.

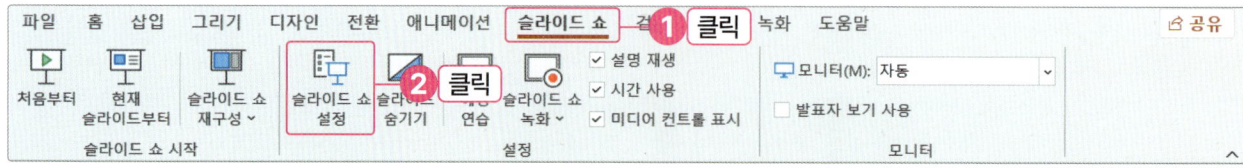

❷ [쇼 설정] 창이 나타나면 [보기 형식]-[대화형 자동 진행(전체 화면)]을 클릭한 후 [확인]을 클릭해요.

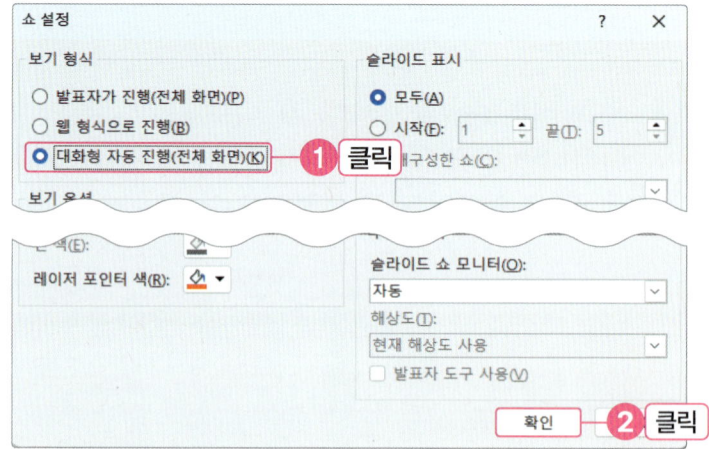

❸ [녹음/녹화] 탭-[쇼로 저장]을 클릭한 후 저장 위치와 파일명을 입력하고 [저장]를 클릭해요.

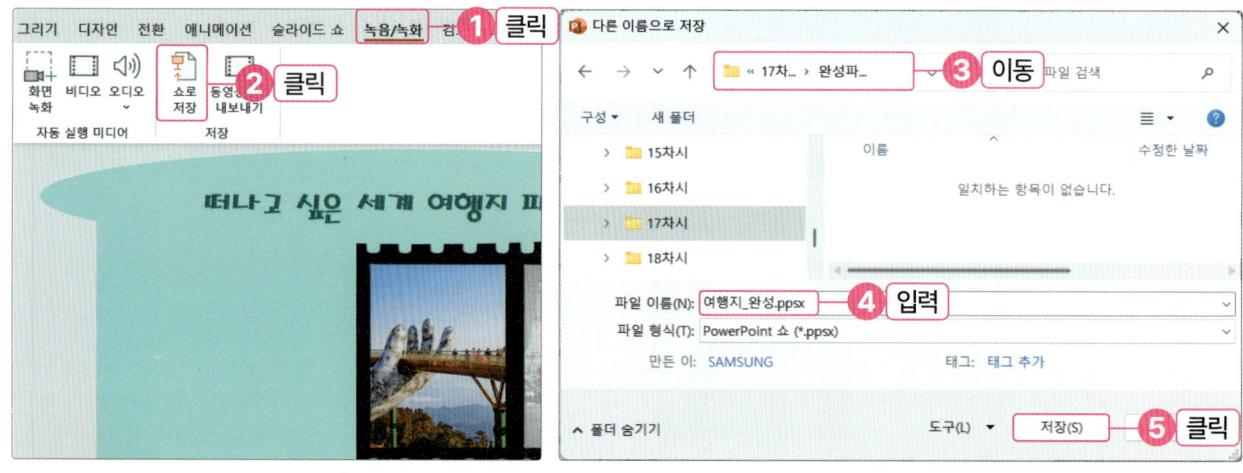

TiP
[대화형 자동 진행]를 선택한 후 쇼로 저장하면 하이퍼링크나 트리거가 설정되지 않은 공간을 마우스로 클릭해도 슬라이드가 다음 페이지로 넘어가지 않아요.

CHAPTER 17 발표 천재로 가는 길!

톡톡 학습

01 다음 넌센스 퀴즈를 풀어 보아요.

넌센스 퀴즈

푸가 여러마리 있으면?

정답은?

02 문제를 읽고 정답에 동그라미 하세요.

quiz 퀴즈

아이콘과 설명이
바르게 되어있는 것은?

①  (그림 삽입)   ② 🔗 (하이퍼링크)

③ 📄 (WordArt)   ④ 📊 (도형 삽입)

①   ②   ③   ④

CHAPTER 18
판다의 매력 담기: 초보자를 위한 영상 제작

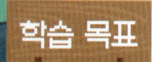
- 슬라이드 마스터를 설정할 수 있어요.
- 파워포인트에 동영상 파일을 삽입할 수 있어요.

🏆 **미리 보기** 이렇게 만들어 보아요

완성된 파일 : 판다의 매력_완성.pptx

① **슬라이드 마스터** : [보기] 탭 → [마스터 보기] 그룹 → [슬라이드 마스터(▭)] → [빈 레이아웃]을 선택한 후 [배경] 그림을 삽입해요.

② **동영상 파일 삽입** : [삽입] 탭 → [미디어] → [비디오(▭)] 동영상을 삽입해요.

▶ 호기심 쳇 GPT

슬라이드 마스터란?
슬라이드 마스터는 파워포인트에서 모든 슬라이드의 기본 디자인과 레이아웃을 한 번에 관리할 수 있는 도구로 슬라이드 제목, 텍스트, 배경 이미지 등의 스타일을 설정하면 새로 만든 슬라이드에도 이 설정이 자동으로 적용되어 슬라이드를 하나씩 꾸미는 것보다 빠르게 결과물을 만들 수 있는 강력한 도구예요.

 **슬라이드 마스터 레이아웃을 설정해요.**

① 파워포인트를 실행한 후 [보기] 탭-[마스터 보기] 그룹에서 [슬라이드 마스터]를 클릭한 다음 [빈 화면 레이아웃]을 클릭해요.

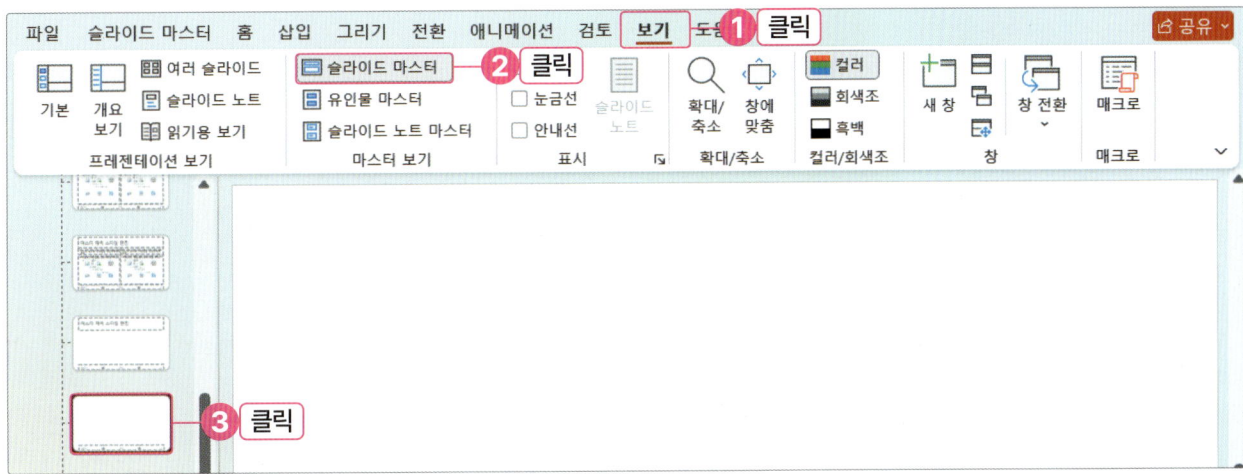

② [슬라이드 마스터] 탭-[마스터 레이아웃] 그룹에서 바닥글을 체크 해제한 후 [배경] 그룹에서 [배경 서식(▣)]을 클릭해요. [채우기]-[그림 또는 질감 채우기]-[삽입]를 클릭한 후 [영화관 배경] 그림을 삽입한 다음 [모두 적용]을 클릭하고 [마스터 보기 닫기(⊠)]를 클릭해요.

③ [홈] 탭-[슬라이드] 그룹에서 [슬라이드 레이아웃(▣)]-[빈 화면]을 클릭해요.

 **동영상 파일을 삽입해요.**

❶ [삽입] 탭-[미디어] 그룹에서 [비디오(▭)]-[이 디바이스]를 클릭한 후 [비디오 삽입] 창에서 [18차시]-[불러올 파일]-[카운트 영상.mp4]을 삽입한 다음 영화 스크린에 맞게 크기를 변경해요.

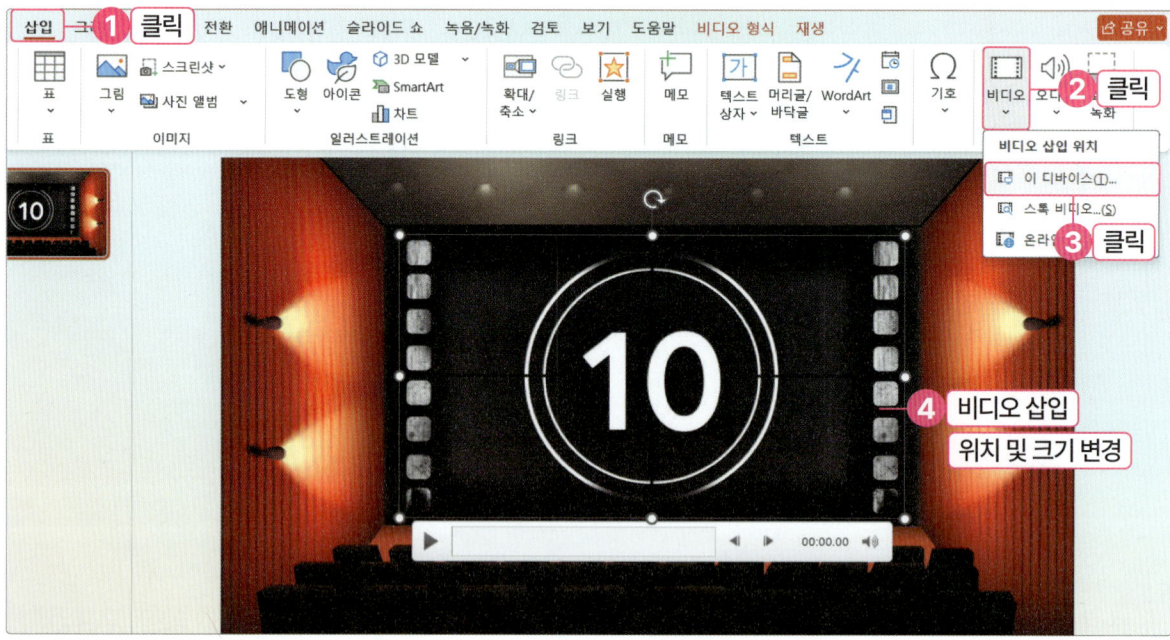

❷ 동영상을 클릭한 후 [재생] 탭-[편집] 그룹에서 [비디오 트리밍(▭)]을 클릭해요.
[비디오 트리밍] 창이 나타나면 [시작 시간]을 "00:05.100"으로 수정한 후 [확인]을 클릭해요.

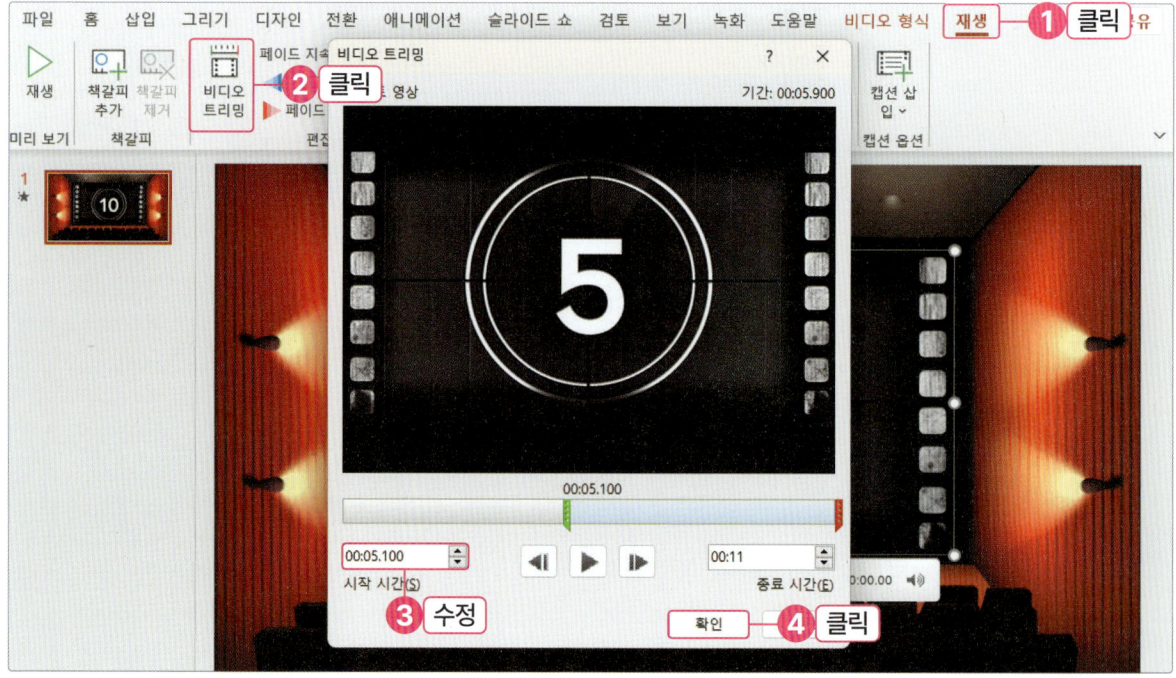

❸ [재생] 탭-[비디오 옵션] 그룹에서 [시작(자동 실행)]을 수정해요.

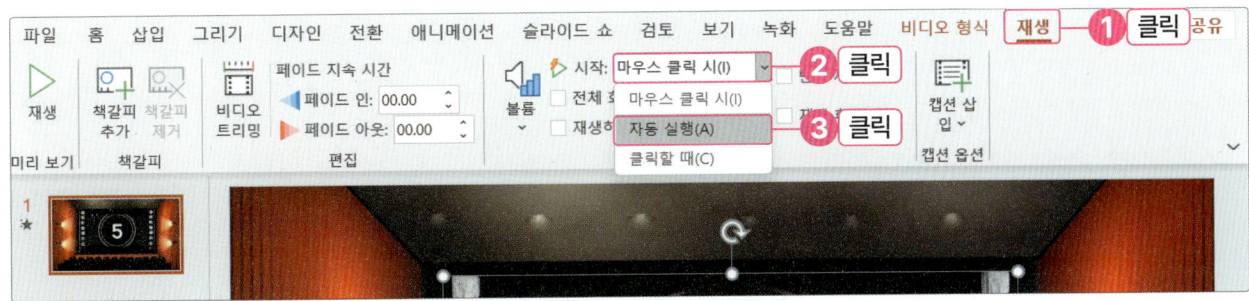

❹ 새 슬라이드(빈 화면)를 추가한 후 같은 방법으로 [판다 영상.mp4]를 삽입한 다음 스크린 크기에 맞춰 영상 크기를 변경해요.

❺ [재생] 탭-[비디오 스트리밍]를 클릭한 후 [비디오 트리밍] 창에서 [종료 시간(00:08.000)]을 수정해요.

CHAPTER 18 판다의 매력 담기: 초보자를 위한 영상 제작 • 119

❻ [재생] 탭-[비이오 옵션] 그룹에서 [시작(자동 실행)]을 수정해요.

❼ [파일] 탭의 [내보내기]를 클릭한 후 [비디오 만들기]의 [비디오 만들기(🎞)] 아이콘을 클릭한 다음 저장 위치와 파일명을 입력하고 저장해요.

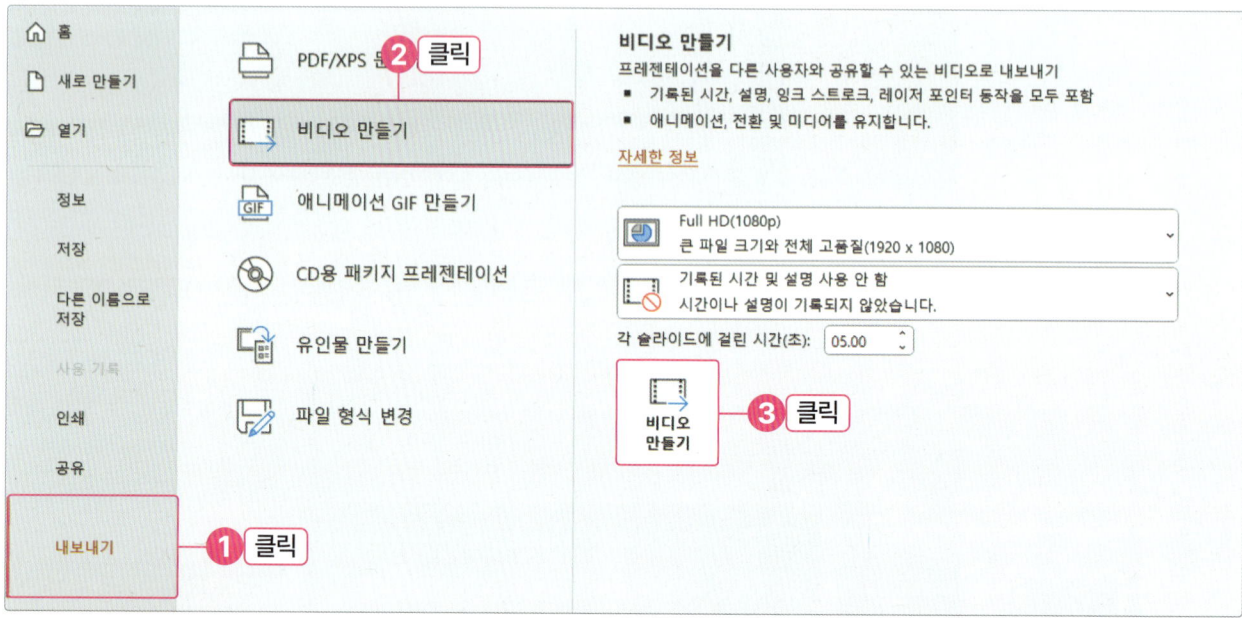

알고 넘어가요!

비디오로 변환하기

파워포인트를 영상으로 제작한 후 저장할 때 비디오로 변환하는 과정에서 다양한 작업이 이루어지기 때문에 애니메이션, 전환 효과, 그래픽 등의 효과가 다양할수록 저장 시간이 길어져요.

CHAPTER 18 발표 천재로 가는 길!

톡톡 학습

01 다음과 같이 그림과 텍스트 상자를 넣어 영화 티켓을 완성해 보아요.
- 작성 메뉴 : 그림 삽입, 크기 조절, 텍스트 상자 삽입, 개체 회전, 자르기

📂 불러올 파일 : 영화 초대권.pptx   📂 완성된 파일 : 영화 초대권_완성.pptx

02 같은 방법으로 매점 이용권을 완성해요.

📂 불러올 파일 : 매점 이용권.pptx   📂 완성된 파일 : 매점 이용권_완성.pptx

CHAPTER 19
스마트한 셀프 주문, 키오스크! - ①

학습 목표
- 테마를 적용하여 빠르게 배경 서식을 변경할 수 있어요.
- 그림 스타일로 그림을 꾸밀 수 있어요.

🏆 **미리 보기** 이렇게 만들어 보아요

📁 완성된 파일 : 키오스크_완성.pptx

① **테마 설정** : [디자인] 탭 → [테마] 그룹 → [갤러리] 테마 서식을 클릭해요.

② **그림 스타일 설정** : [그림 서식] 탭 → [그림 스타일] 그룹 → [금속 프레임]를 클릭해요.

③ **텍스트 상자 삽입** : [삽입] 탭 → [텍스트 상자]-[가로 텍스트 상자 그리기]를 클릭한 다음 텍스트를 입력해요.

▶ **호기심 챗 GPT**

키오스크는 컴퓨터나 기계처럼 생긴 자동화된 기계예요.
우리가 정보를 얻거나 서비스를 이용할 때 사용하는 도구예요. 예를 들어, 음식점에서 메뉴를 고를 때, 영화관에서 티켓을 살 때, 또는 공항에서 비행기 탑승 체크인을 할 때 키오스크를 사용할 수 있어요.

1 테마를 적용하여 배경을 변경해요.

1. 파워포인트를 실행한 후 [새 프레젠테이션]을 클릭해요.

2. [디자인] 탭-[테마] 그룹에서 [갤러리] 테마 서식을 클릭해요.

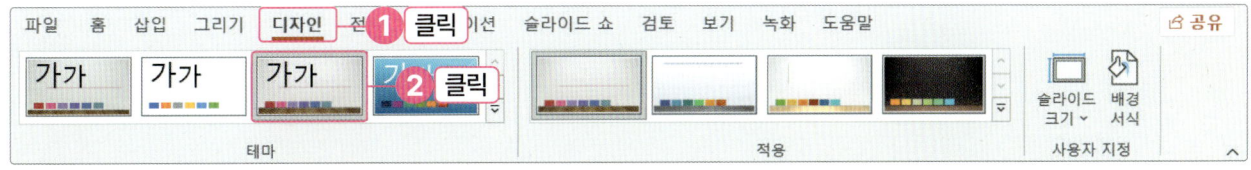

3. [슬라이드 개요] 창의 1번 슬라이드를 클릭한 후 Enter 를 눌러 슬라이드를 추가해요. 2번 슬라이드를 클릭한 다음 [홈] 탭에서 [레이아웃]-[빈화면]을 클릭하고 슬라이드 6개 더 추가해요.

4. 1번 제목 슬라이드 텍스트 상자에 글을 입력하고 서식을 수정해요.
   - 인선이네 무인 간식 코너 : 글꼴(휴먼매직체), 글꼴 크기(72), 글꼴 색(임의의 색), 정렬(가운데 맞춤)
   - OPEN : 글꼴(휴먼매직체), 글꼴 크기(60), 정렬(가운데 맞춤)

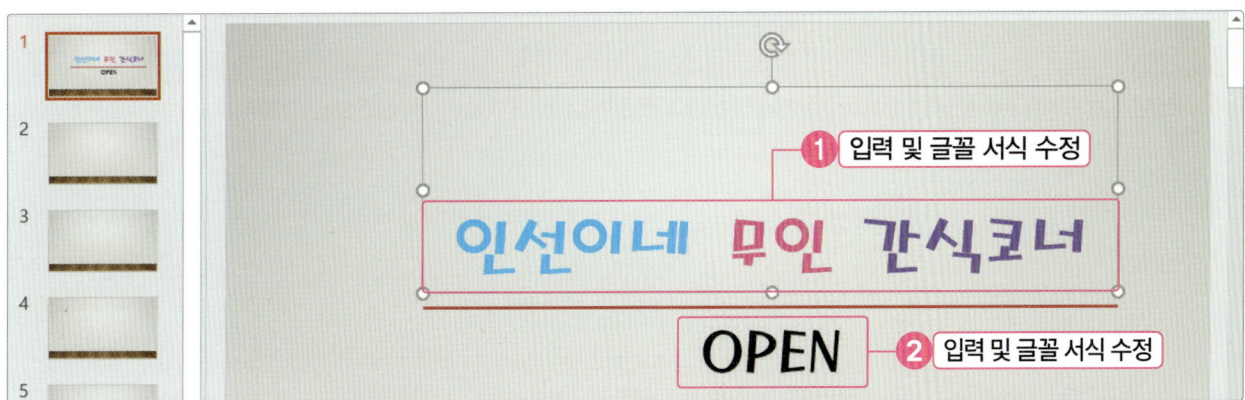

 **각 슬라이드에 그림을 삽입해요.**

❶ [삽입] 탭-[그림]-[이 디바이스] 클릭한 후 [19차시]-[불러올 파일]-[이미지] 폴더에서 [차양막] 그림을 선택하여 삽입한 다음 슬라이드 위쪽으로 배치해요.

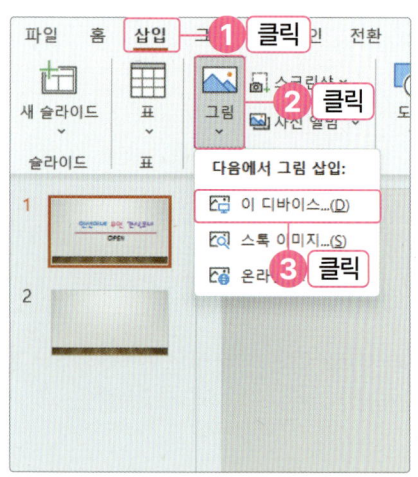 

❷ 같은 방법으로 1번 슬라이드에서 [아이스크림-2]와 [다음버튼] 그림을 삽입한 후 크기 조절 및 회전으로 다음과 같이 배치해요.

❸ [삽입] 탭-[텍스트 상자]-[가로 텍스트 상자 그리기]를 클릭한 후 다음 버튼 아래에 드래그한 다음 텍스트(Start)를 입력하고 글꼴 서식을 수정해요.

• Start : 글꼴(휴먼둥근헤드라인), 글꼴 크기(40), 글꼴 색(임의의 색), 텍스트 윤곽선(검정, 텍스트 1)

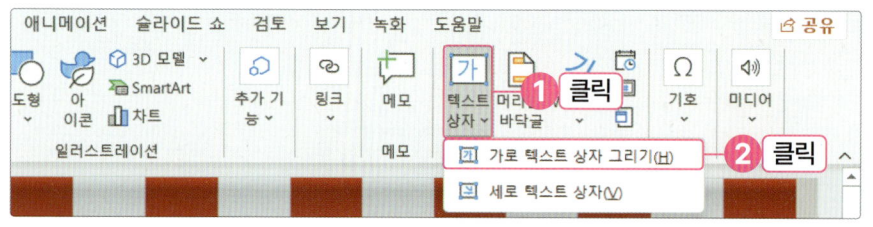 

❹ 2번 슬라이드를 선택한 후 [삽입] 탭-[그림]-[이 디바이스]를 클릭한 다음 [그림 삽입] 대화상자에서 [무인가게], [조명], [화분], [키오스크] 그림을 삽입하고 이동 및 크기를 조절해요.

❺ 무인가게 메뉴판 위치에 [햄버거-1], [튀김], [감자튀김-1], [음료] 그림을 삽입한 후 이미지 크기 조절한 아래 그림과 같이 배치해요.

❻ [삽입] 탭-[도형]-[사각형]-[직사각형]를 클릭한 후 그림과 같이 슬라이드에 드래그해요.
[도형 서식] 탭-[도형 스타일] 그룹에서 [도형 채우기(흰색, 배경 1)] 및 [도형 윤곽선(없음)], [도형 효과(그림자(오프셋:아래쪽))]를 지정한 후 텍스트를 입력하고 글꼴 서식을 수정해요.

• 메뉴를 선택해 주세요! : 글꼴(휴먼매직체), 글꼴 크기(24), 글꼴 색(검정, 텍스트 1)

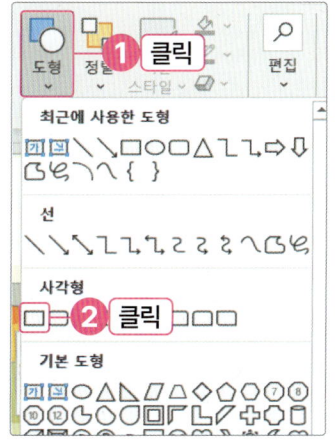  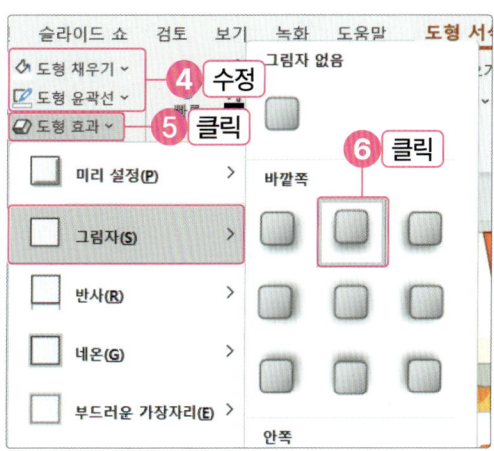

CHAPTER 19 스마트한 셀프 주문, 키오스크! - ① • 125

❼ 3번 슬라이드를 클릭한 후 [삽입] 탭-[그림]-[이 디바이스]를 클릭한 다음 [그림 삽입] 대화상자에서 [햄버거-2], [라면], [피자] 그림을 선택하여 슬라이드에 삽입해요. 이어서 [그림 서식] 탭에서 그림의 크기(높이/너비 8cm)를 수정해요.

❽ 3개의 그림이 선택된 상태에서 [그림 서식] 탭-[그림 스타일] 그룹에서 [금속 프레임]을 클릭해요.

❾ 같은 방법으로 [슬라이드 4~6]에 아래 그림처럼 음식 그림을 종류별로 삽입하고 [크기(높이/너비 8cm)] 및 [그림 스타일(금속 프레임)]을 지정해요.

[슬라이드 4]

[슬라이드 5]

[슬라이드 6]

❿ 7번 슬라이드에서 [결제] 그림을 삽입한 후 크기와 위치를 조절하고 [가로 텍스트 상자]를 삽입한 다음 내용 입력 및 글꼴 서식을 수정해요.

• ≫ 금액을 계산해 주세요. : 글꼴(휴먼매직체), 글꼴 크기(54), 정렬(가운데 맞춤)

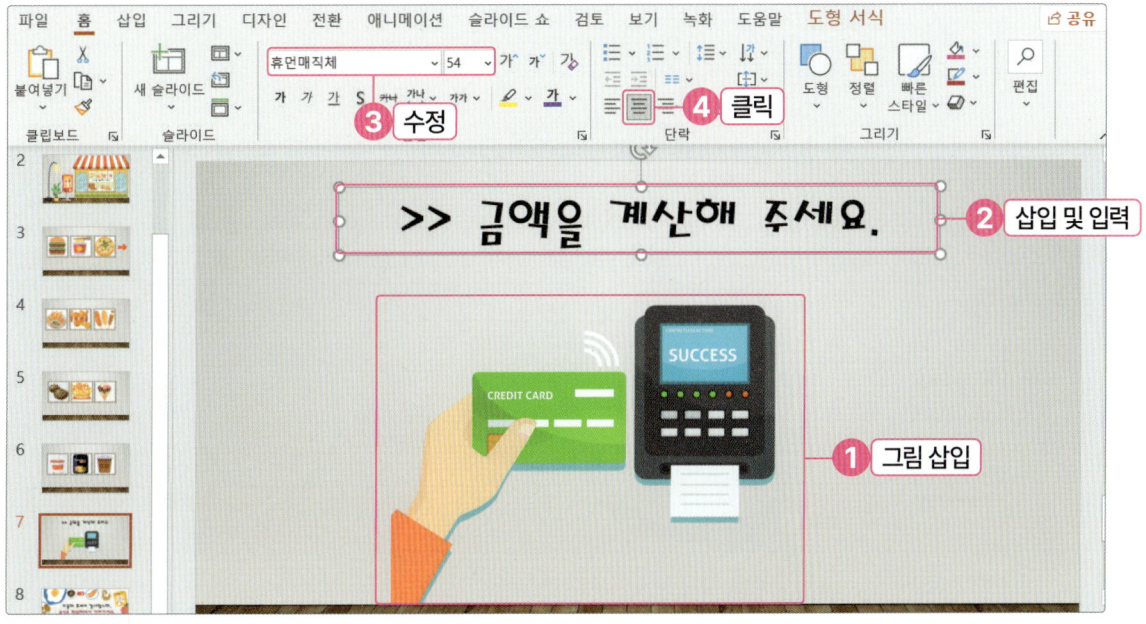

⑪ 8번 슬라이드를 클릭한 후 바로 가기 메뉴에서 [배경 서식]을 클릭해요. 이어서 오른쪽에 [배경 서식] 창에서 [그림 또는 질감 채우기]를 클릭한 다음 [삽입]을 클릭해요.

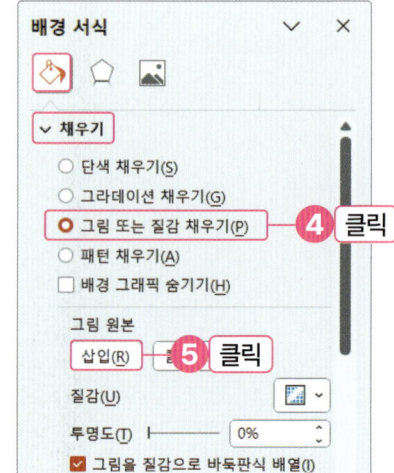

⑫ [그림 삽입] 창이 나타나면 [파일에서] 클릭한 후 [불러올 파일]-[이미지] 폴더에서 [배경] 그림을 선택한 후 [삽입]을 클릭해요.

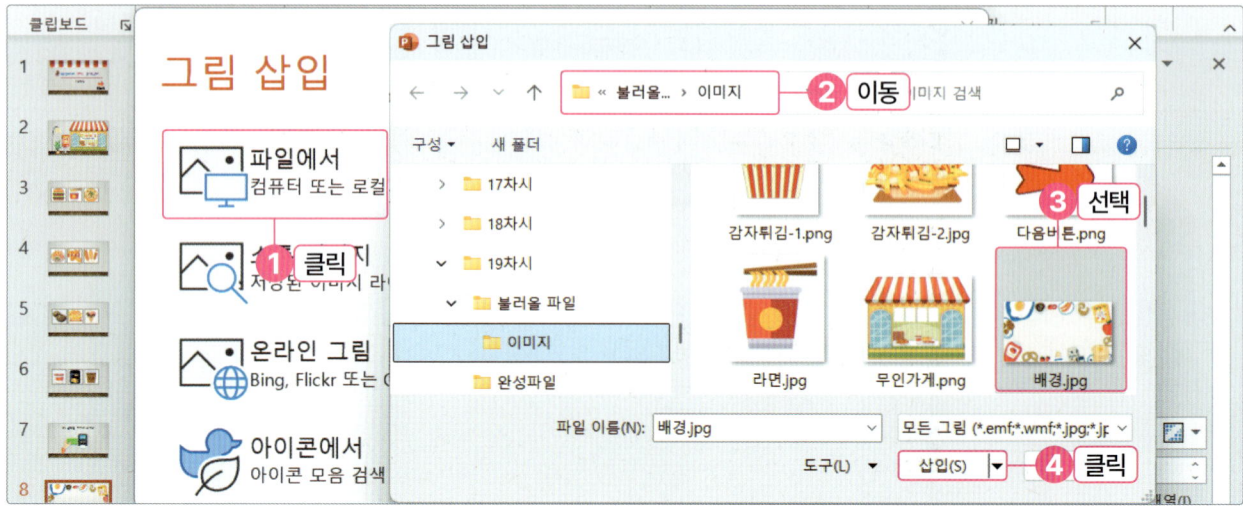

⑬ [삽입] 탭-[텍스트 상자]-[가로 텍스트 상자 그리기]를 클릭한 후 슬라이드에 드래그해요.

⑭ 삽입 한 텍스트 상자에 글을 입력한 후 서식을 수정해요.

- 이용해 주셔서 감사합니다. 음식은 픽업대에서 가져가세요. : 글꼴(휴먼매직체), 글꼴 크기(54), 글꼴 색(임의의 색), 정렬(가운데 맞춤)

⑮ [삽입] 탭-[그림]-[이 디바이스]를 클릭한 다음 [버튼] 그림을 삽입해요.

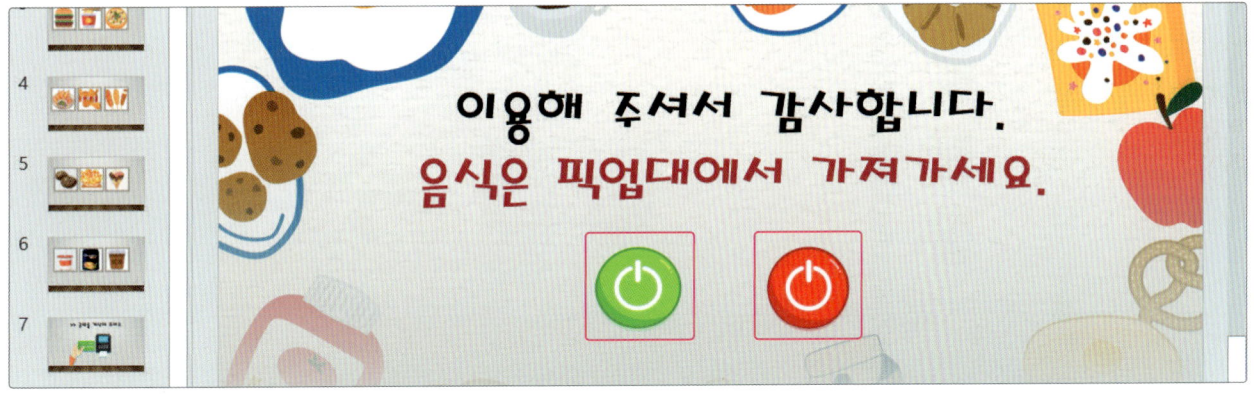

⑯ [버튼] 그림 아래 텍스트 상자를 삽입한 후 글을 입력한 다음 서식을 수정해요.

- "처음으로", "마침" : 글꼴(휴먼매직체), 글꼴 크기(32), 정렬(가운데 맞춤)

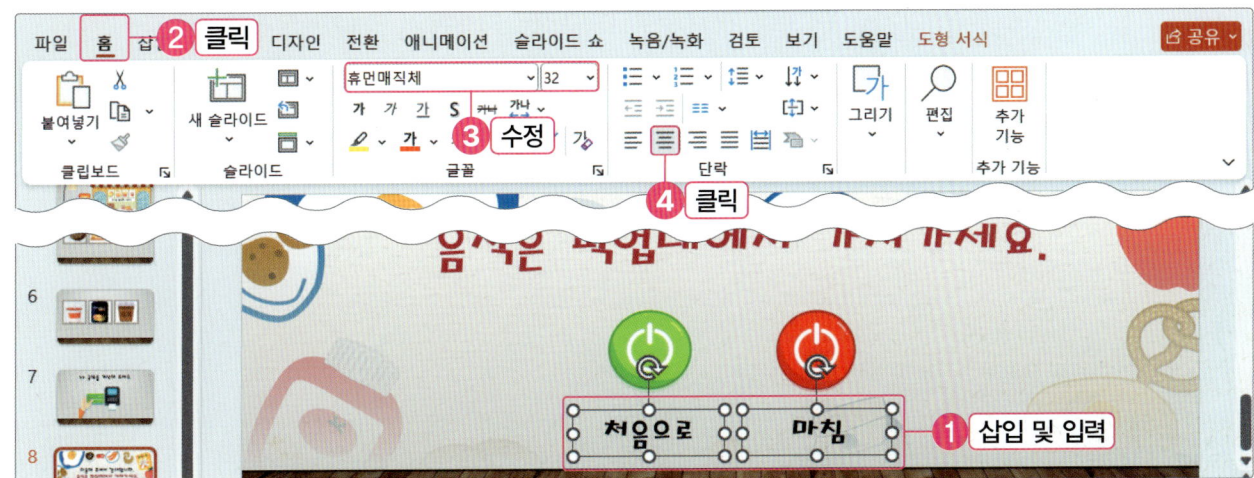

CHAPTER 19 발표 천재로 가는 길!

01 [안전 수칙.pptx] 파일을 열고 테마 적용과 그림 삽입으로 문서를 완성해 보아요.

- 테마 적용 : [디자인] 탭-[테마] 그룹에서 [배지] 테마를 클릭해요.
- 그림 삽입 : 슬라이드 내용에 맞는 그림을 삽입해요.

📁 불러올 파일 : 안전 수칙.pptx 　📁 완성된 파일 : 안전 수칙_완성.pptx

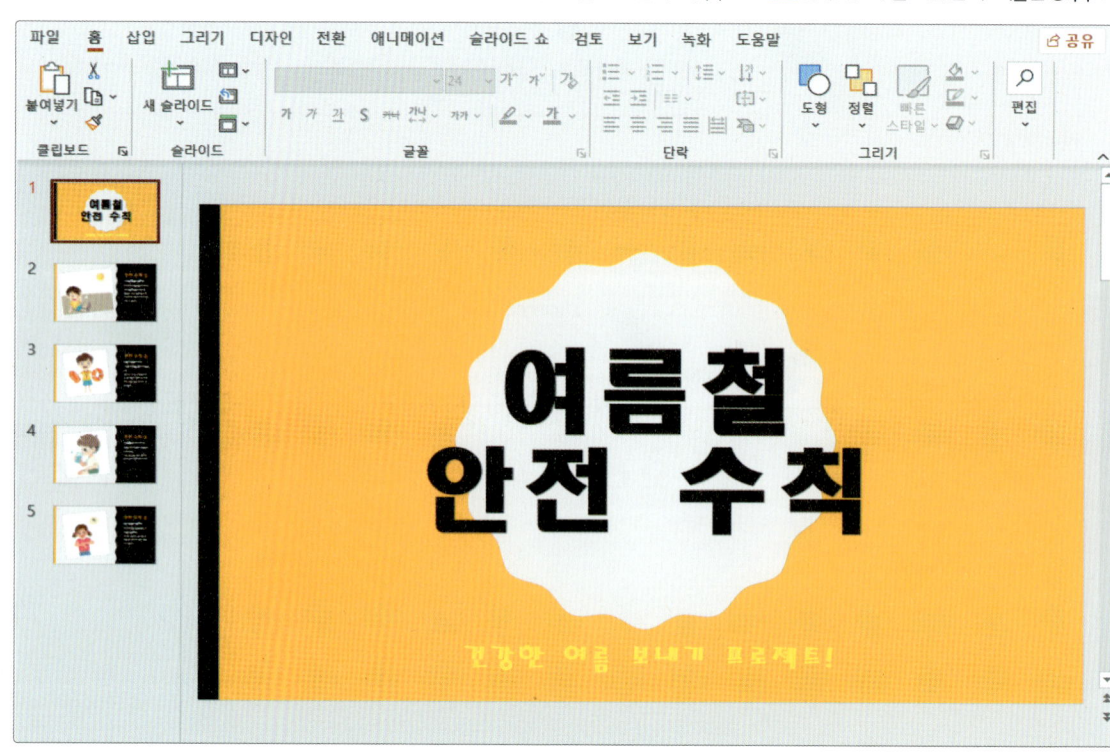

02 슬라이드에 디자인 테마를 적용하면 어떤 것이 바뀌지 않을까요?

① 글꼴

② 배경 색

③ 사진 속 인물

④ 제목의 스타일

MEMO

CHAPTER
20 스마트한 셀프 주문, 키오스크! - ②

학습 목표
- 하이퍼링크를 설정해 슬라이드를 연결할 수 있어요.
- 쇼 실행 동영상으로 저장할 수 있어요.

미리 보기 — 이렇게 만들어 보아요
■ 불러올 파일 : 키오스크.pptx ■ 완성된 파일 : 키오스크_완성.pptx

② **그림 하이퍼링크 설정** : [삽입] 탭 → [링크] 그룹 → [링크] → [실행]을 클릭해요.

① **쇼 실행 동영상 저장** : [슬라이드 쇼] 탭 → [설정] 그룹 → [슬라이드 쇼 설정] → [대화형 자동 진행(전체 화면)] 클릭한 후 [녹화] → [쇼로 저장]을 클릭해요.

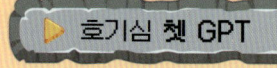 호기심 쳇 GPT

 **무인 시스템은 사람이 직접 조작하지 않고도 스스로 작동하는 기계나 기술을 말해요.**
예를 들어, 로봇 청소기는 집안의 바닥을 스스로 청소할 수 있는 무인 시스템이에요. 이 로봇은 센서를 사용해서 장애물을 피하고, 청소할 곳을 찾아가요. 또, 드론도 무인 시스템의 한 예로, 하늘을 날아다니며 사진을 찍거나 물건을 배달할 수 있어요. 이렇게 무인 시스템은 사람의 도움 없이도 일을 할 수 있도록 만들어진 똑똑한 기계들이에요!

 **1** 그림에 하이퍼링크를 설정해요.

❶ [키오스크.pptx] 파일을 열고 [슬라이드 1]의 [다음버튼] 그림을 클릭한 후 [삽입] 탭-[링크] 그룹에서 [링크]-[실행]을 클릭해요.

❷ [실행 설정] 창이 나타나면 [마우스를 클릭할 때] 탭에서 [하이퍼링크] 옵션을 클릭한 후 [다음 슬라이드] 항목을 선택한 다음 [확인]을 클릭해요.

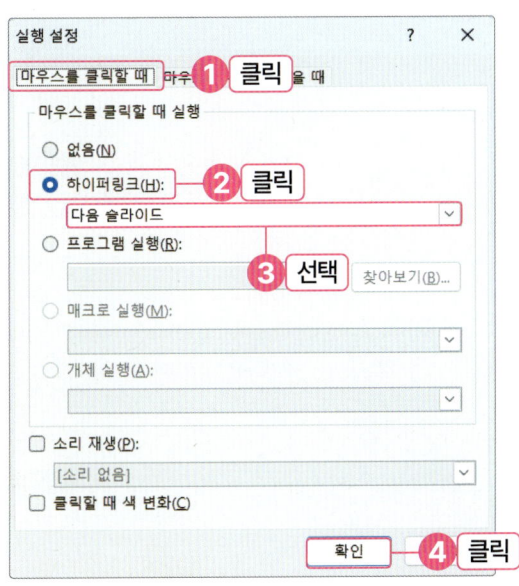

③ 1번 슬라이드의 하이퍼링크를 설정한 [다음버튼] 그림을 클릭한 후 복사(Ctrl+C)한 다음 3번 슬라이드에 붙여넣기(Ctrl+V) 해요.

④ 같은 방법으로 [슬라이드 4~7]에도 [다음버튼]을 복사한 후 붙여넣기로 삽입해요.

❺ 2번 슬라이드의 [햄버거] 그림을 클릭한 후 [삽입] 탭-[링크] 그룹-[링크]-[실행]을 클릭해요.

❻ [실행 설정] 창이 나타나면 [마우스를 클릭할 때] 탭에서 [하이퍼링크]-[슬라이드...]를 선택해요. 이어서 [슬라이드 하이퍼링크] 창이 나타나면 [슬라이드 3]을 클릭한 다음 [확인]을 클릭해요.

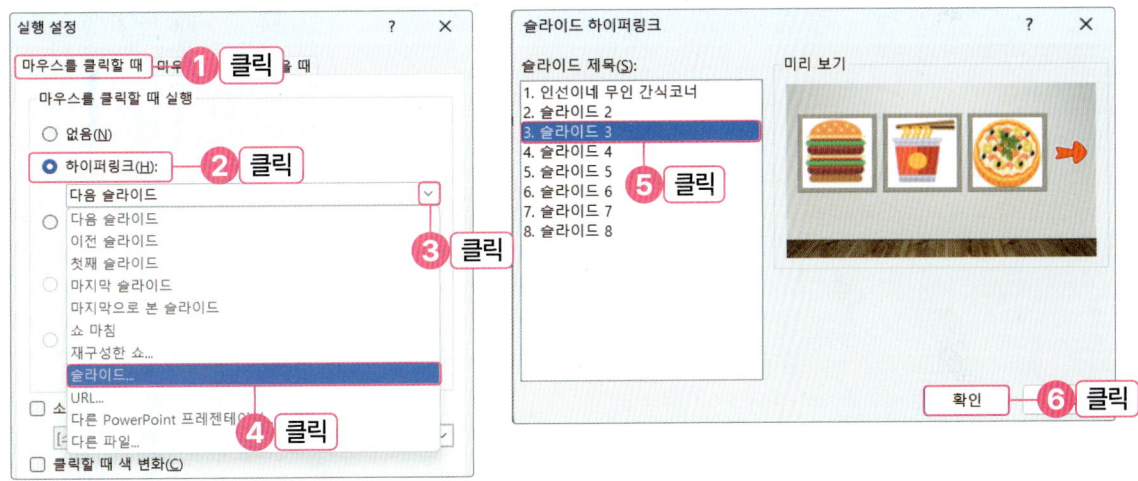

❼ 2번 슬라이드에서 메뉴 그림을 클릭한 후 순서대로 하이퍼링크를 설정해요.

• 튀김 - 슬라이드 4, 감자튀김 - 슬라이드 5, 음료 - 슬라이드 6

❽ 8번 슬라이드에서 [처음으로] 버튼은 [첫 번째 슬라이드], [마침] 버튼은 [쇼 마침]으로 하이퍼링크를 설정해요.

2 파워포인트 문서를 쇼 실행 영상으로 저장해요.

① 파워포인트 문서를 쇼로 저장하기 전에 [슬라이드 쇼] 탭 - [설정] 그룹에서 [슬라이드 쇼 설정]을 클릭한 후 [대화형 자동 진행(전체 화면)]를 선택한 다음 [확인]을 클릭해요.

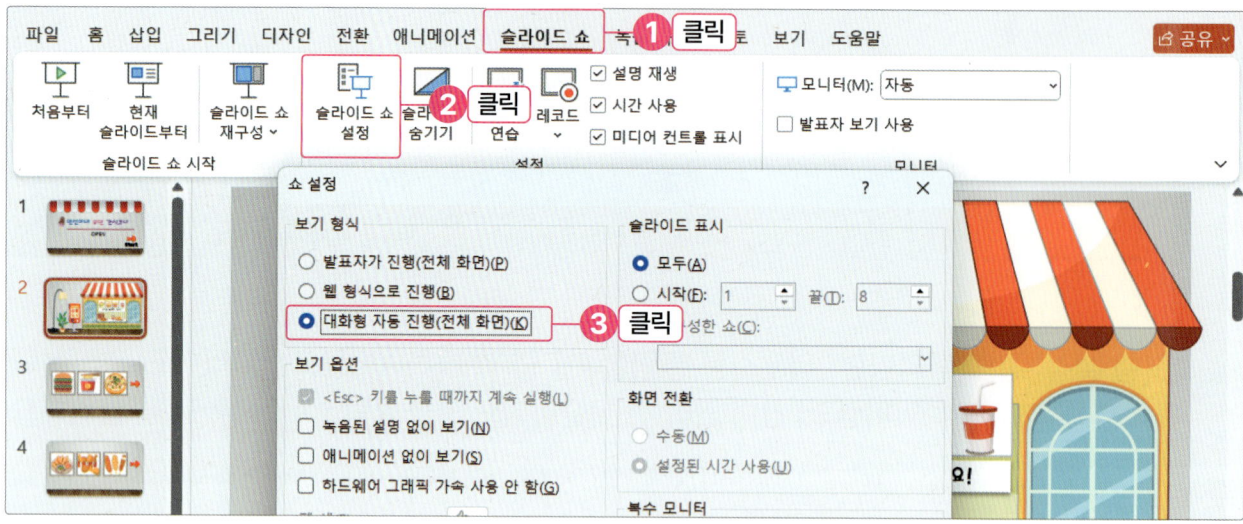

② [녹음/녹화] 탭-[저장] 그룹에서 [쇼로 저장]을 클릭해요.

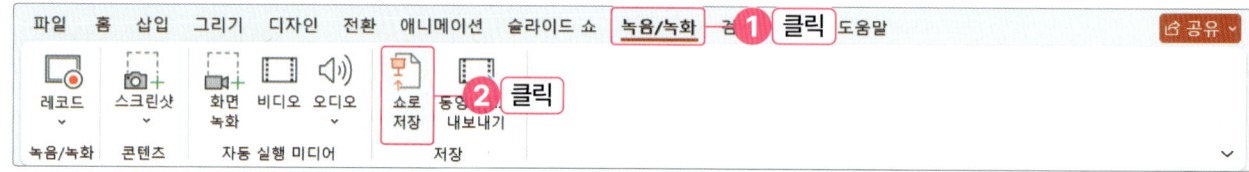

③ [다른 이름으로 저장] 창이 나타나면 저장 위치와 파일 이름을 입력하고 저장해요. 쇼로 저장하면 파일 형식이 [ppsx]로 저장돼요.

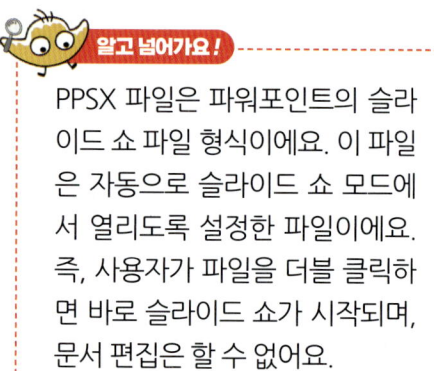

알고 넘어가요!

PPSX 파일은 파워포인트의 슬라이드 쇼 파일 형식이에요. 이 파일은 자동으로 슬라이드 쇼 모드에서 열리도록 설정한 파일이에요. 즉, 사용자가 파일을 더블 클릭하면 바로 슬라이드 쇼가 시작되며, 문서 편집은 할 수 없어요.

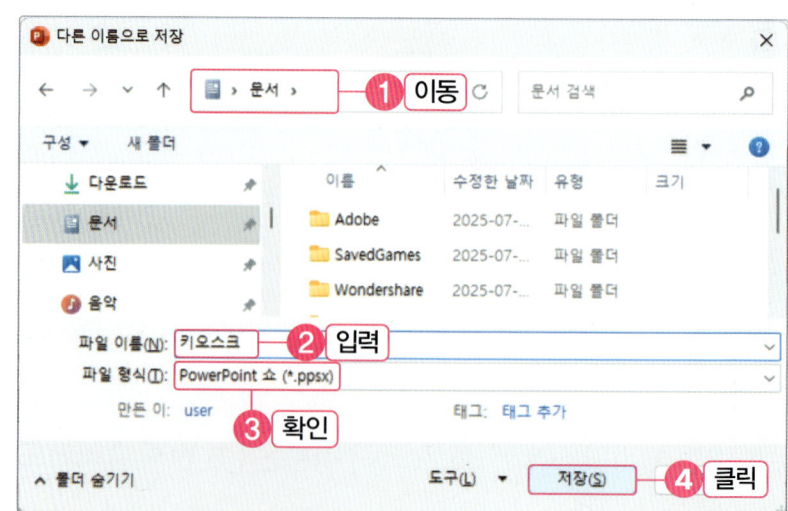

CHAPTER 20 발표 천재로 가는 길!

톡톡 학습

01 다음은 빈 칸을 채워야 하는 스도쿠 문제입니다. 숫자 1부터 9까지를 각 가로줄, 세로줄, 그리고 3x3 작은 정사각형 안에 중복 없이 숫자를 채워 넣으세요.

1	6			5				8
	8	9				7		
				2				6
	4		2	9			8	7
	3					5		
7	2			4	6		9	
6				3				
	5					7	4	
4				7			6	5

			4	2		1		
4		2	1					6
		1	9		7	3	4	
				4	9			1
				6				
7			3	5				
	6	9	5		2	4		
2					4	8		5
	7			1	3			

			7		9	1		5
	7				5		2	
					2	4		6
			7		6	1		
3	2					5	4	
	6	7		2				
7		9	2					
	8		9			4		
2		5	3		4			

	2	3				6	7	8
1	7				6			
				5			3	
	4		9	1				
	5	6				2	7	
					7	3		1
	9			2				
		1					8	9
4	3	1				5	2	

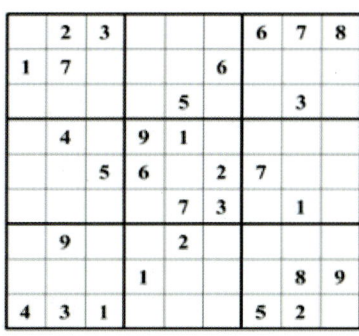

CHAPTER 21 깨톡~깨톡!! 단톡방

파워~check! 이만큼 배웠어요!

01 파워포인트의 도형과 그림으로 멋진 단톡방을 만들어 보아요.

🏆 **미리 보기** 이렇게 만들어 보아요

■ 불러올 파일 : 대화창.pptx   ■ 완성된 파일 : 대화창_완성.pptx

🔑 **깨톡 단톡방 만드는 방법**

❶ 슬라이드 배경 삽입하기
- [불러올 파일] 폴더의 [대화창.pptx] 파일을 실행해요.
- 슬라이드의 빈 배경에서 바로 가기 메뉴 [배경 서식]에서 슬라이드 배경을 변경해요.

❷ 대화창 만들기
- [도형()]-[말풍선]-[말풍선:모서리가 둥근 사각형(🗨)]을 드래그 한 후 도형 서식을 변경해요.
- 도형을 클릭한 후 **Enter**를 눌러 도형 안에 대화를 입력하고 글꼴 서식을 변경해요.
- 프로필 그림을 넣기 위해 [도형]-[기본 도형]-[사각형:둥근 모서리(▢)] 도형을 말풍선 옆에 드래그한 후 [도형 채우기]-[그림(🖼)] 다음 아이 그림 파일을 삽입해요.
- [삽입]-[가로 텍스트 상자]를 드래그한 후 다음 글을 입력하고 글꼴 서식을 변경해요.
  "렉스초 3-5반 단톡방", "시간", "메시지 입력"

CHAPTER 22

소원을 이루는 어린이날 쿠폰

01 휘리릭~얍!! 나를 위한 소원을 이루는 어린이날 쿠폰을 만들어 보아요.

🏆 **미리 보기**   이렇게 만들어 보아요

■ 불러올 파일 : 쿠폰.pptx   ■ 완성된 파일 : 쿠폰_완성.pptx

🔑 쿠폰 만드는 방법

① 쿠폰 그림 삽입하기

- [불러올 파일] 폴더의 [쿠폰.pptx] 파일을 실행해요.
- [삽입]-[그림]-[이미지] 폴더에서 [쿠폰]과 [바코드] 그림을 선택한 다음 삽입해요.
- 삽입된 [바코드] 그림은 Ctrl + Shift 를 눌러 수평으로 복사해요.

② 쿠폰 도형 색 변경하기

- [모서리 둥근 사각형]을 선택한 후 [도형 서식] 탭-[도형 스타일] 그룹-[도형 채우기]-[스포이트]를 클릭해요. 이어서 삽입된 그림의 원하는 색 영역을 클릭해요.
- [도형 서식] 탭-[도형스타일] 그룹-[도형 테두리]를 클릭한 다음 [두께]-[1 1/2pt]을 클릭해요. 이어서 [스케치]-[자유 곡선]을 클릭해요.

③ 쿠폰에 소원 입력하기

- [삽입] 탭-[텍스트] 그룹-[텍스트 상자]-[가로 텍스트 상자 그리기]를 클릭한 후 드래그해요.
- 텍스트 상자에 소원을 입력해요. 이어서 테두리를 클릭한 후 [홈] 탭-[글꼴] 그룹에서 글꼴 서식을 변경해요. (글꼴(휴먼매직체), 글꼴 크기(24))

CHAPTER 23 야옹이네 다이어리

파워~check! 이만큼 배웠어요!

01 나의 멋진 다이어리를 만들어 줄 스티커와 스케줄을 기록할 수 있는 주간 일정표를 만들어 보아요.

🏆 **미리 보기** 이렇게 만들어 보아요

■ 불러올 파일 : 다이어리.pptx ■ 완성된 파일 : 다이어리_완성.pptx

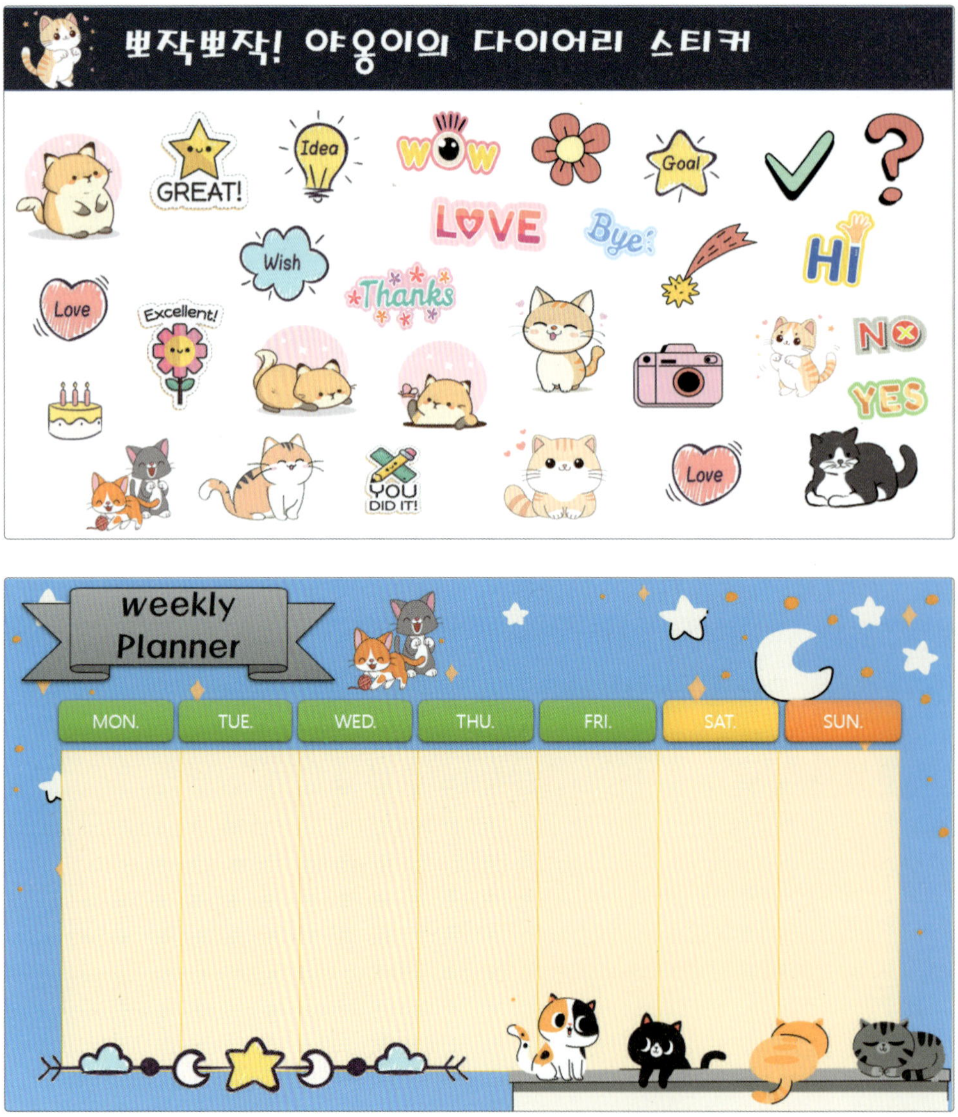

야옹이네 다이어리 만드는 방법

① 슬라이드 1 _ 그림 삽입하기
- [불러올 파일] 폴더의 [다이어리.pptx] 파일을 실행해요.
- [삽입]-[그림]-[이 디바이스...]을 클릭해요
- [불러올 파일]-[이미지] 폴더에서 삽입할 그림 파일을 더블클릭한 후 크기와 위치를 이동해요.

② 슬라이드 2 _ 표 삽입하기
- [삽입]-[표]-[표 삽입]을 클릭한 후 열 개수(7), 행 개수(1)을 입력해요.
- 표가 삽입 후 테두리 조절점으로 크기를 조절해요.
- 표 테두리를 더블클릭한 후 [테이블 디자인]-[표 스타일 옵션]-[머리글 행]을 클릭해 체크 표시를 해제해요.
- [테이블 디자인]-[표 스타일]에서 [중간-보통스타일4, 강조4]를 클릭한 후 [음영]-[채우기 없음]을 클릭해요.
- [도형]-[모서리 둥근 사각형]을 표 열 크기에 맞춰 드래그한 후 [도형 스타일]을 변경해요.
- 도형 안에 요일을 입력하고 글꼴, 글꼴 크기, 글꼴 색, 정렬(가운데 맞춤)을 변경해요.
- 도형을 클릭한 후 Ctrl+Shift 을 누르고 수평으로 복사한 다음 요일을 수정해요.
- [삽입]-[그림]-[이 디바이스...]을 클릭해요
- [불러올 파일]-[이미지] 폴더에서 삽입할 그림 파일을 더블클릭한 후 크기와 위치를 이동해요.

CHAPTER 24
황금 잡기 게임 만들기

파워~check! 이만큼 배웠어요!

01 파워포인트 애니메이션으로 황금 잡기 게임을 만들어 보아요.

 **미리 보기** 이렇게 만들어 보아요

■ 불러올 파일 : 황금 잡기.pptx   ■ 완성된 파일 : 황금 잡기_완성.pptx

🔑 황금 잡기 게임 만드는 방법

1 슬라이드 1 - 게임 실행 슬라이드 만들기
- [불러올 파일] 폴더의 [황금 잡기.pptx] 파일을 실행해요.
- 1번 슬라이드의 [별], [동전], [폭탄] 그림을 Ctrl+드래그로 복사해요.

2 슬라이드 2 - "성공" 슬라이드 만들기
- [삽입]-[WordArt]를 클릭한 후 [채우기:검정, 텍스트 색1, 그림자]를 클릭해요.
- "성공!" 텍스트 입력 후 글꼴(휴먼둥근헤드라인), 글꼴 크기(96)를 변경해요.

3 애니메이션 설정하기
- 1번 슬라이드의 [고양이] 그림을 클릭한 후 [애니메이션]-[이동 경로]-[사용자 지정]을 클릭한 다음 고양이가 [보물상자]를 찾아가는 길을 만들어요.
- 고양이가 천천히 이동하도록 [애니메이션]-[타이밍]-[재생 시간]을 10초 입력해요.

4 하이퍼링크 설정하기
- [보물상자], [폭탄] 그림을 각각 클릭한 후 [삽입]-[실행]을 클릭해요.
- [보물상자] 그림 : [마우스를 클릭할 때] 탭에서 [하이퍼링크]-[슬라이드]-[슬라이드 2]
- [폭탄] 그림 : [마우스를 클릭할 때] 탭에서 [하이퍼링크]-[슬라이드]-[슬라이드 3]
- [슬라이드 쇼]-[슬라이드 쇼 설정] 클릭 후 [쇼 설정] 창이 나타나면 [보기 형식]-[대화형 자동 진행(전체 화면)]을 선택한 다음 [확인]을 클릭해요.

5 저장하기
- [녹화]-[저장]-[쇼로 저장]으로 저장 후 게임을 실행해요.

MEMO